U0454332

从增长到增效

中信集团 / 编著

中信出版集团｜北京

图书在版编目（CIP）数据

从增长到增效 / 中信集团编著 . -- 北京：中信出
版社 , 2024.1（2024.2 重印）
　ISBN 978-7-5217-6077-4

　Ⅰ . ①从… Ⅱ . ①中… Ⅲ . ①企业集团－企业管理－
研究－中国 Ⅳ . ① F276.4

中国国家版本馆 CIP 数据核字 (2023) 第 200906 号

从增长到增效
编著者： 　中信集团
出版发行：中信出版集团股份有限公司
　　　　　（北京市朝阳区东三环北路 27 号嘉铭中心　邮编　100020）
承印者： 　三河市中晟雅豪印务有限公司

开本：787mm×1092mm　1/16　　　印张：17　　　　字数：200 千字
版次：2024 年 1 月第 1 版　　　　　印次：2024 年 2 月第 2 次印刷
书号：ISBN 978-7-5217-6077-4
定价：88.00 元

版权所有·侵权必究
如有印刷、装订问题，本公司负责调换。
服务热线：400-600-8099
投稿邮箱：author@citicpub.com

中信集团《从增长到增效》编委会

主　编：奚国华

副主编：崔　军　　刘正均　　王国权　　徐　佐　　方合英
　　　　张佑君　　曹国强　　梁惠江

编　委：梁　丹　　张云亭　　赵文海　　毛益民　　张学军
　　　　魏　强　　苏国新　　李丹梅　　张　波　　刘　成
　　　　杨明辉　　王常青　　芦　苇　　赵小凡　　李子民
　　　　王爱明　　武汉琦　　朱志华　　张俊国　　赵　磊
　　　　郝维宝　　曾　晨　　王　斌　　陈　炜　　刘志勇
　　　　罗西成　　朱　芳　　李　凡　　廖　伟　　陶　扬
　　　　聂学群　　杨　劲　　杨书平　　韩光聚　　杨　威
　　　　薄伟康　　张　坚　　俞章法　　段甲强　　杨全营
　　　　黄　征　　田　耕　　郭　磊

目 录

序 言

习近平总书记在党的二十大报告中指出，高质量发展是全面建设社会主义现代化国家的首要任务。这是在深入分析我国发展历史条件和阶段，全面把握现代化建设客观规律的基础上，作出的具有全局性、长远性和战略性意义的重大判断。作为我们党执政兴国的重要支柱和依靠力量，国有企业在为强国建设、民族复兴伟业提供坚实物质基础方面具有不可替代的重要作用，特别是在当前外部环境形势下，迫切要求国有企业发挥引领作用，加快提升核心竞争力、增强核心功能，以企业的高质量可持续发展，为全面建成社会主义现代化强国提供有力支撑。

成立四十多年来，从最初发挥经济改革试点和对外开放窗口的重要作用，到今天发展成为全国最大的综合性企业之一，中信集团是中国经济发展的见证者、参与者和贡献者，也是诸多行业的引领者、开拓者和实践者，责无旁贷肩负更大使命，携手广大企业顺应世界之变、时代之变、历史之变，在不确定性中把握确定性，在周期波动中穿越周期，与国家、社会、时代同呼吸、共命运。

近年来，中信集团围绕打造世界一流科技型卓越企业集团目标，系统推进深化改革、不断优化管理体系，发展质量效益持续提升。截至目前，集团总资产突破 11 万亿元，连续 15 年上榜《财富》杂志世界 500 强，2023 年首次进入前百位，提前实现十四五"十百千万"发展目标中的"十万亿资产、世界 500 强前百位，千亿净利润"。这其中，"开源节流、降本增效"专项工作的开展发挥了关键作用。

中信集团于 2020 年正式提出实施"开源节流、降本增效"专项工作，历经三年多的实践和沉淀，探索形成了"协同增效、创新增效、科技增效、精益增效、共享增效"五维增效机制。其中，协同增效是中信集团的管理理念、经营哲学，也是独特的竞争优势；创新增效要求坚持创新驱动，不断探索新业务新模式，开拓发展新蓝海，打造"第二增长曲线"；科技增效是打造科技型卓越企业集团的重要举措；精益增效是通过管理手段压降成本、提升经营业绩的有效办法；共享增效强调以人为本，为构建"幸福中信"创造条件、搭建平台。

为总结"开源节流、降本增效"专项工作经验，推动成果知识化、共享化，我们撰写了《从增长到增效》一书。这是一本富有中信特色的企业管理专著，涵盖了大量来自中信集团总部和子公司的经典案例，详细剖析了案例背后的管理逻辑与实践经验，力争为各行业企业实施精益化管理提供"中信方案"。例如，在集团综合金融服务板块，中信金控发挥协同优势，携手各金融子公司推出"中信优品"产品池，为客户提供综合解决方案。在先进智造板块，倡导"零库存"目标，创新举措提高存货周转率，推动实现提质增效。在先进材料板块，中信泰富特钢通过财务数据共享，不仅实现优员增效、整合财务资源，还打通系统壁垒、减少重复建设。在新消费板块，中信农业的"种谷大脑"让新品种创制周期缩短5至6年，大大提升育种效率。在新型城镇化板块，自主研发的智慧排水管控平台、中信智能建造平台有效助力智慧城市建设。"协同、创新、科技、精益、共享"五维增效理念已在中信落地生根，融入经营管理的具体举措中。希望该书能给广大企业特别是大型企业集团带来启发参考，同时推动业界与我们开展更进一步的研究探索。

展望未来，中信集团将坚持以习近平新时代中国特色社会主义思想为指导，深入贯彻落实党的二十大精神，切实履行"践行国家战略、助力民族复兴"的发展使命，不断做强做优、奋力实现高质量发展，朝着"打造卓越企业集团、铸就百年民族品牌"的发展愿景阔步迈进。衷心希望在建设世界一流企业的征程上，深化同广大企业在内的社会各界沟通交流，携手共谋新发展、共创新可能，为以中国式现代化全面推进中华民族伟大复兴贡献力量。

本书是中信集团集体智慧的结晶。中信集团原董事长朱鹤新同志为集团改革发展倾注了大量心血，对实施"开源节流、降本增效"专项工作、推动构建五维增效机制提出了很多指导意见和工作要求。各职能部门、子公司全面抓好落实、积极创新实践，贡献了一批优秀案例。中信出版在编辑策划方面做了很多工作，在此一并表示感谢。

中信集团党委书记、董事长　奚国华
2023 年 12 月

引 言

五维增效助力高质量发展

中国中信集团有限公司（以下简称"中信集团"，上市公司中国中信股份有限公司以下简称"中信股份"）秉承着"践行国家战略、助力民族复兴"的使命要求，于改革开放大潮中应势而立，于国家稳步向前中发展壮大。在"打造卓越企业集团、铸就百年民族品牌"发展愿景下，中信集团始终与时代同频共振、与祖国同声相应，是中国改革开放之后经济社会发展的缩影。

从 1979 年到 2023 年，中信集团走过了栉风沐雨的四十多年，在很多领域先行先试，于挑战中顶住压力，于夹缝中开拓前行。伴随着中国经济社会的发展，中信集团创造了一系列中国经济发展史上的"首创"和"第一"，开创国企在国外发行债券引进技术的"仪征模式"、加入首批创办银行行列、建成新中国首座高档涉外商务办公楼"巧克力大厦"、首办中国咨询业务等。这不仅造就了中信独有的基因，而且使中信成为中国特色社会主义市场经济发展的有力实践者。

回望这四十多年时光，我们能够清晰地感受到，中信集团不仅以改革者、先行者的身份，发展成了金融与实业并举、多领域发力的综合性跨国企业集团，而且充分发挥经济改革试点和对外开放窗口的重要作用，为国家经济建设做出了重要贡献。

高质量发展新任务

"十三五"时期，我国经济发展的显著特征就是进入新常态。经济全球化遭遇逆流，国际经济循环格局发生深度调整，中国经济身处其中，面临较大的风险和挑战。习近平总书记深刻认识把握经济规律，对国际国内经济发展的趋势性特征进行全面分析，做出"我国经济已由高速增长阶段转向高质量发展阶段，正处在转变发展方式、优化经济结构、转换增长动力的攻关期"[1] 的重大判断。

为应对国内外形势，国家围绕推动高质量发展，提出一系列战略举措，如构建以国内大循环为主体、国内国际双循环相互促进的新发展格局，着力推进城乡融合和区域协调发展，实施国企改革，等等。中信集团作为国企中的一分子，同样直面改革挑战，要走高质量发展之路。

2020 年，由于疫情冲击，国际形势非常严峻，很多国家和地区的经济被按下暂停键，中国经济不可避免地被裹挟。如何打破发展困局，落地国家发展战略，走上高质量发展道路，

---

1 中华人民共和国中央人民政府.全力推动我国经济转向高质量发展［EB/OL］.［2017–12–17］.https://www.gov.cn/xinwen/2017–12/17/content_5247801.htm.

成为中国企业包括国有企业亟待解决的问题。

中信集团党委带着强烈的使命感，面对经营业绩压力加大、结构性问题日益突出、内部管理仍需加强等客观实际，于 2020 年下半年，决策在集团全面启动"开源节流、降本增效"专项实践工作，引导全集团树立"过紧日子"思想，推进费用成本"双控"、质量效率"双升"，积极推动各级子公司行动起来，助力集团高质量发展。

2021 年，十三届全国人大四次会议表决通过关于国民经济和社会发展第十四个五年规划和 2035 年远景目标纲要的决议，再次指出要以推动高质量发展为主题，加快建设现代化经济体系。面临新时代新任务，中信集团坚定地与党和国家事业同频共振，紧紧围绕高质量发展主题，主动服务大局，出台《中信集团"十四五"发展规划》，制定"十百千万"发展目标。

2022 年，党的二十大报告提出，高质量发展是全面建设社会主义现代化国家的首要任务。可见，高质量发展被摆在了更为突出的位置，成了中国经济未来发展的方向。换句话说，推动经济实现质的有效提升和量的合理增长，逐渐成为中国企业面临内外形势的路径选择，凸显了党中央对新时代中国经济发展的长远定位与把控。

中信集团积极把握政策机遇，深入实施"五五三"战略，将"开源节流、降本增效"置于显著高度，在管理实践基础上总结形成"五维增效"机制，并作为集团重要经营管理理念进一步加以推广应用，力争推动集团建设世界一流企业，迈上高质量发展新台阶。

五维增效机制

自 2020 年下半年到 2023 年，从集团全面启动"开源节流、降本增效"专项工作，到逐步深化具有中信特色的"五维增效"机制，引导子公司模式创新、源头降本、科技增效，不断提升全员参与度，中信集团的"开源节流、降本增效"专项工作实现了由浅浅试水到常态长效的转变。

五维增效机制是中信集团应对经济下行压力的有力抓手，是促进精益管理、提升核心竞争力的重要举措，是推动集团转型升级的有效路径。其基本思路是，结合各子公司所处经济环境、行业特点及发展实际，从协同增效、创新增效、科技增效、精益增效和共享增效五个维度，总结提炼"开源节流、降本增效"相关管控机制及工作经验，形成规范化、体系化和实用型的五维增效工作机制，如图引-1。

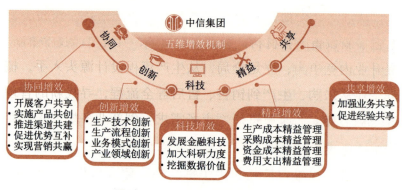

图引-1 中信集团五维增效机制

协同增效

中信集团立足自身业务多元布局，把协同当作自身的经营哲学与可持续发展的基础。在秉承"一个中信，一个客户"协同理念的前提下，中信集团主张牢牢抓住"协同"这把金钥匙，以联合舰队的形式，全方位聚集协作力量，充分发挥集团产融并举、业务多元的综合优势，释放"金融＋实业"叠加带来的动能，通过客户共享、产品共创、渠道共建、优势互补、营销共赢等举措，推动构建起全方位、领先于同业的综合服务能力，为客户提供独具中信特色的一揽子服务或产品。在聚合资源，提升资产运营效率，创造最大乘数效应的同时，不断增强中信集团核心竞争力。

创新增效

抓创新就是抓发展，谋创新就是谋未来。如果一定要给中信集团的成功寻找一个关键的引领要素，那就是创新。自成立之日起，中信集团已然将创新融入了自身血液。也因此，在降本增效实践中，创新增效成为五维增效机制中的关键一环。这表现在积极开展关键技术攻坚，科学运用新技术、新工艺、新设备、新材料，突破关键瓶颈，实现生产技术革新，提升业内竞争力；立足全局，从生产流程设计源头入手，梳理企业从采购、生产到销售、售后等全流程，寻找新的管理增效突破点；及时跟进研判市场需求，创新业务模式，培育新业态、新市场、新渠道，发掘细分市场、细分品种、细分用户，构筑第二增长曲线，推动集团业务转型升级。通过各方创新发力，中信集团及子公司不仅实现了从增长到增效，还巩固和拓展了自身在市场中的优势地位。

科技增效

科技强企是企业的必然发展路径，尤其在信息化、数字化、智能化时代，大数据、云技术、人工智能等前沿科技对人类生产生活产生巨大影响，科技增效也成了五维增效机制的重要组成部分。一方面，中信集团结合业务需求和管理需要，积极利用新技术打造信息化工具，改善集团金融子公司生产效率、服务质量和经营业绩；另一方面，实业子公司积极加大科研投入，关注科研产出，在以科研促进企业高质量发展的同时，注重践行国家战略，为攻关"卡脖子"技术贡献力量。中信集团还把数智赋能作为打造世界一流企业的重要引擎，通过数据库、数据湖、数据集市等建设，实施"管理上云"和"应用绽放"行动，释放数字化潜能、挖掘数据价值。

精益增效

精益思想是企业生产管理中非常重要的一种思想，中信集团将其作为从增长到增效的重要指引。在精益管理的作用下，中信集团通过生产工艺改良、生产线数字化升级改造等方式，提高设备及能源利用效率，压降单位产品生产用时用料，有效控制生产成本；坚持优化采购全流程管理、精细化控制原材料库存、严格采购标准等，在确保产品质量的同时严控采购成本；关注货币政策及资本市场变化，匹配资产端资金需求，创新金融工具，压降负债端成本，推动整体资金成本下降；强化费用管控，完善费控制度，加强预算刚性约束，严格费用审批，实现管理费用率和营销费用率合理压降。这些精益管理举措让经营管理成效不断被放大，夯实了其建设世界一流企业的基础。

共享增效

　　共享已成为当今人们的一种普遍共识，企业通过共享可以大幅节约成本、提高资源使用效率。中信集团把共享增效作为降本增效的深化路径，通过建立知识共享平台，实现经验分享和知识积累，并激发员工主人翁精神，让员工能够保持源源不断的创意和热情；集团组织各类案例分享会和知识竞赛，推动同类型子公司间相互借鉴、充分共享，对可复制的优秀实践案例予以大力推广，促进公司之间取长补短；深化司库体系建设，加强资金集中和资源共享，提高资金使用效率，探索建立财务共享中心，压缩审批层级，提升人力资源效能。

价值与意义

　　从上述对五维增效内涵的解读，我们可以看出，协同增效、创新增效、科技增效、精益增效与共享增效是相互联系、有机统一的。

　　协同是基础，有效聚合集团总部和子公司优势力量，创造乘数效应；在协同生态基础上，中信集团引导子公司发挥创新精神，加大科研投入，寻求创新突破，推动建设科技型企业集团；通过科技创新加持，在生产经营端不断强化工艺、技术、流程再造，实现精益生产和精益管理；在强化企业硬实力的同时，重视打造企业文化软实力，主张共生共享，打破各行业固有界限，将更多隐性的价值点连接起来，促进知识互通，将五维增效理念根植于企业文化，激发全员点燃热情投入集团增效实践。五维增效相互融合、相互影响，"你中有我、我中有你"，成为中信集团在"十四五"期间主要经营业绩指标持续优化提升的关键驱动力，助力公司在高质量发展道路上行稳致远。

当前，世界正经历百年未有之大变局，世界之变、时代之变、历史之变正以前所未有的方式展开。中国企业亟须找到从高速度增长转为高质量发展、从全球化受益者转为逆全球化应对者、从全球行业跟跑者转为领跑者的实践方法与路径。中信集团五维增效机制孕育于新时代新发展阶段，得益于中信横跨多行业、多业态的企业集团禀赋，既是对旗下各行业子公司增效实践案例的系统总结，又包含对企业经营管理方法论的思考提炼，从中既能看到中信独有的企业文化特色，又能体现企业通用的管理逻辑和实践经验。希望这一"中信答案"能为中国企业高质量发展提供可借鉴的管理理念和可实践的管理模式。

第一章

协同增效：
联合舰队创造乘数效应

牢牢把握协同"金钥匙"，聚合各方优势力量，
创造乘数效应。

对大型综合性企业集团而言，协同不仅可以解决企业集团业务布局跨度大、合力不足、执行效率不高等问题，促进业务融合发展、决策者快速做出反应，还可以解决集团旗下子公司业务单一、市场有限和视野局限等问题，实现资源、客户、渠道、品牌乘数效应。

中信集团早在 2007 年就提出，要发挥综合优势与协同效应。经过十多年的实践探索，中信集团已将协同作为重要的管理理念和经营哲学，提出从客户共享、产品共创、渠道共建、优势互补、营销共赢等多方面出发，形成业务布局多元化、客户基础广泛化和渠道网络全球化的协同发展优势。"十四五"期间，中信集团在"五五三"战略中，更是明确要深耕综合金融服务、先进智造、先进材料、新消费和新型城镇化五大板块，构建中信金控、产业集团、资本投资、资本运营、战略投资五大平台，以整合、协同、拓展为发展抓手，提升企业集团综合竞争力。不难看出，协同增效不仅是中信集团推动产融结合的独特优势，更是中信集团可持续发展的重要法宝。

  围绕协同理念而建立的协同机制和协同文化，凝心聚力创造出"1+1 ＞ 2"的协同效益，为中信集团成为世界一流企业打下了坚实根基。

一个体系，营造生态

被称为"战略管理鼻祖"的伊戈尔·安索夫（H. Igor Ansoff）认为，协同是集团战略的四大要素之一。[1] 而被称为"竞争战略之父"的迈克尔·波特（Michael E. Porter）则在《竞争优势》一书中指出，母公司的发展为增进协同效应提供了机会。[2] 可见，在现代企业管理理论体系中，协同被认为是企业集团发展中的一个重要元素。通过协同，企业集团的整体经营表现会优于各个企业单打独斗。这样的协同效应不仅仅是简单的相加，而是一种综合而独特的优势，通过资源的优化配置、资本的优化结合、人力的协同作战等，产生更大的规模效应，使企业集团以小成本收获大利益。

能用众力，则无敌于天下矣；能用众智，则无畏于圣人矣。作为多元化的企业集团，中信集团拥有产融并举的综合优势，其注重发挥整体协同效应，推动协同机制体制建设，

---

1 中信改革发展研究基金会课题组.中信创造力：金融与实业协同发展竞争力［M］.北京：中信出版集团，2018.

2 迈克尔·波特.竞争优势［M］.陈丽芳译.北京：中信出版集团，2014.

打通协同发展筋脉，营造集团协同生态圈，构建起"大协同"商业模式，为整个集团的"百尺竿头，更进一步"赋能助力。因此，协同被认为是中信集团的核心优势之一。

协同体系建设

在推进协同增效方面，中信集团敏锐地意识到构建体制机制的重要意义，将协同理念贯穿于集团经营管理始终，对协同工作组织、系统、制度、模式等开展一整套体系化建设，保障集团协同举措有效落地。

一是搭建协同组织体系，为协同工作做好顶层设计。2010 年，中信集团设立业务协同部，负责对外开展战略合作，对内进行资源整合，并逐步建立起网状的协同组织体系，使协同工作更加规范有序。

纵向管理层面，各家一级子公司均有明确的协同工作主管公司领导、负责部门、协同工作岗和信息员，建立"集团协同部 – 子公司协同主管领导、协同对口部门 – 重点分支机构（分行）协同主管领导和部门"的三级组织管理体系[1]，确保协同工作专人管理。

横向管理层面，中信集团在子公司分布较多的省（市）成立地区联席会议组织，加强区域横向业务交流合作。该组织以中信银行各地分支机构为主要牵头单位，定期召开联

---

1 中信改革发展研究基金会课题组 . 中信创造力：金融与实业协同发展竞争力［M］. 北京：中信出版集团，2018.

席会议，各联席单位共享信息、客户与渠道资源，并根据当地政府、市场及客户的需求，开展联合营销，提供综合服务。[1]

2020 年，面对新冠病毒大流行的冲击，中信集团又将协同工作提升至新的战略高度，成立集团协同委员会，在集团领导带领下，部署重大协同工作，跟进重大协同事项，协调内部协同问题。与此同时，全国各省（市）的协同联席会议也升级为协同委员会区域分会——以中信银行当地分行为中心，接受协同委员会统一管理监督，并定期组织召开例会。

两级协同委员会的成立，让中信集团协同工作在统一组织下，降低信息壁垒、渠道壁垒、业务壁垒，通过资源整合、优势互补，发挥出"1+1 ＞ 2"的协同效应，助力各子公司快速适应市场变化，开拓经营发展思路，推动业务创新落地，打造出中信集团差异化的竞争优势。

二是建设信息化协同平台，为协同行动提供高效工具。作为协同工作数字化转型的重要成果，"中信协同 +"系统（以下简称"协同 +"）成为首个集团级互联互通、协同作战的业务运营管理平台，在协同生态圈构建方面走在同业前列。"协同 +"集成协同服务方案，支持协同指挥调度，面向全集团员工开放，让员工使用手机就可以随时随地访问作战单元、协同机会、资源支持、协同管理等 64 个功能，共享数万

1　中信改革发展研究基金会课题组 . 中信创造力：金融与实业协同发展竞争力［M］. 北京：中信出版集团，2018.

条协同信息，有效实现了高效便捷获取协同资源、分享协同机会、实现快速对接的目标。

"协同+"功能定位为搭建开放平台、打通协同痛点、激发多元活力、实现价值重塑，已成为中信集团协同工作的协同信息汇聚平台、协同方案集成平台、协同业务调度平台和集团级业务运营管控平台。全集团协同人员可依托"协同+"开展日常协同工作，推动集团战略客户协同合作取得进展，快速便捷对接协同机会和需求，整合集团内部资源、寻求协同合作伙伴，重构各子公司内外协同边界，实现全业务链一体化生态协同。

三是创建协同制度体系，为协同作战提供行动依据。为了让协同工作更加规范，中信集团发布《企业战略客户联合营销与服务管理办法》，明确了战略客户的选择与认定、组织体系、内部程序、沟通交流、协调管理、评价与奖励等联合营销与服务工作中的重要内容与程序。制定《地区业务协同联席会议管理暂行办法》，规范了联席会议的设立、日常运作、组织管理、信息报送和区域合作推动等方面的内容。[1]

2020年，中信集团又出台了《中信集团协同委员会议事规则（试行）》，在运行机制、区域协同以及风险合规三方面对协同工作提出具体要求。同时，也从综合金融服务、利益分享、区域协同、协同激励及业务协同等多维度建章立制，形成一套健全的协同制度体系。

---

1 中信改革发展研究基金会课题组.中信创造力：金融与实业协同发展竞争力［M］.北京：中信出版集团，2018.

四是融入集团战略规划，为协同增效提供方向引领。中信集团要发挥协同联动优势，打造共生共享协同生态，离不开战略规划引领，必须把协同工作融入集团发展战略。在"十四五"期间，中信集团系统制订并坚定实施"五五三"战略规划，以此凝聚发展合力，推动高质量发展。

在中信集团发展战略规划中，"整合、协同、拓展"是战略落地的三大抓手。战略规划明确提出，要围绕集团发展目标和重点任务，完善协同机制，整合协同资源，创新协同模式，以提高集团市场核心竞争力，塑造可持续发展新局面，从而保证集团"十四五"期间实现"十百千万"发展目标。显然，持续深化内外部协同，力争形成最大协同效应，已经深刻融入中信集团发展战略，并成为集团战略必不可少的一环。中信集团"五五三"战略与"十百千万"发展目标如图1-1。

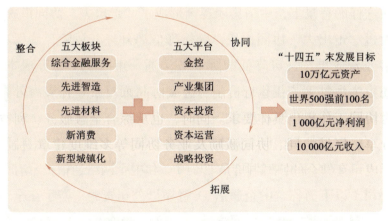

图1-1 中信集团"五五三"战略与"十百千万"发展目标

站在企业集团高度建设协同体制机制，是中信集团巩固协同优势，凝聚协同力量的必然选择。在形势多变、环境复杂的今天，中信集团坚定战略定力，聚合协同发展，不仅为客户创造了更大价值，也为集团带来了更多可能。

协同模式构建

在建设协同工作体系基础上，经过不断摸索实践，中信集团逐渐形成六大协同商业模式，成为集团开展协同工作的标准模板，为协同工作在子公司间高效复制推广提供可能。

第一是"走出去"协同。作为与改革开放同行的企业，中信集团自成立之初就坚守着多为国家经济建设做贡献的追求和使命，积极发挥对外开放窗口的重要作用，在加强对外合作的同时，重视海外业务布局，尤其在国家提出"一带一路"倡议后，更是将"走出去"战略融入集团海外发展布局中。在这样的背景下，中信集团逐渐形成了"走出去"协同模式。通过"走出去"协同作战，既能降低海外经营风险，确保项目经营成果，又可降低国际业务沟通、审查、交易等成本，还可为海外客户提供综合服务方案，从而维护、拓展海外客户资源，带来海外效益增长。

比如，中信国际电讯集团有限公司（以下简称"中信国际电讯"）旗下的中信国际电讯 CPC 和中企网络通信技术有限公司（以下简称"中企通信"）背靠母公司资源，携手在全球五大洲部署了 160 多个网络据点，拥有 60 多个 SD-WAN（软件定义广域网络）服务节点、30 多座数据中心、21 座云平台和 3 个全天候运作的安全运营中心（SOCs）。这些创新技术与应用，能够智能化服务国内外客户跨区营运，在践行国家战略、覆盖"一带一路"沿线国家和 RCEP[1] 成员国的同时，还帮助企业客户更好地在"一带一路"沿线落地业务，智赋"一带一路"。借助上述客户资源，中信集团各兄弟公司紧密协同，把各自优势与经验整合起来，利用集团各个板块的研发能力和服务资源，向国际化生态圈迈进。[2]

再如，中信银行利用集团其他子公司在哈萨克斯坦深耕多年的优势，顺利打开哈萨克斯坦市场，支持"一带一路"沿线投融资项目落地。2018 年中信银行完成对哈萨克斯坦阿尔金银行多数股权的收购工作，成为首家在"一带一路"沿线国家收购银行股权的中资银行。[3] 在中信集团"大协同"的战略引领下，中信银行与阿尔金银行协作联动，顺利推动多个中哈企业合作项目在短时间落地，包括助力一家农产品公司首次进口哈萨克斯坦牛肉，帮助一家新能源企业在哈萨克斯坦提供智能风机和运维服务等项目。中信集团通过协同作战，为中哈两国企业搭建起桥梁，促进优质合作伙伴资源交流沟通，增强了客户黏性和信任度，提升了"一带一路"服务质效。

第二是客户协同。中信集团始终把"以客户为中心"作

1　指《区域全面经济伙伴关系协定》。

2　中企通信 . 打好集团资源协同"牌"：中信国际电讯智赋"一带一路"成就斐然［EB/OL］.［2023-07-24］.https://baijiahao.baidu.com/s?id=1772286763924712912&wfr=spider&for=pc.

3　中信集团 ."一带一路"首倡之地的中信银行样本：综合金融服务助力中哈经贸往来结硕果［EB/OL］.［2020-01-20］.https://www.group.citic/html/2020/News_0120/2162.html.

为协同工作出发点，要求各子公司抛弃过去各自为战的习惯。一方面，共享客户资源，深挖客户价值，力争为客户提供一站式、定制化、多场景、全生命周期的综合服务；另一方面，当某个子公司在服务客户过程中遇到难题时，要坚持"利他"观念，成就伙伴主张，集团及子公司要协同帮助其解决问题。

以兰州地区政府客户撮合模式为例，中信银行兰州分行（以下简称"兰州分行"）根据甘肃省推动绿色产业转型升级的新发展趋势，依托集团优质的产业和金融资源，主动撮合集团子公司对接甘肃省及各市政府，组成"中信联合舰队"，提升营销层级，加强服务能力。兰州分行牵头搭建与 G 端、B 端、C 端三大客群的交流对接平台，主动与信托、券商、保险、基金、租赁公司等集团兄弟公司联系，组建"中信朋友圈"。成功推动中信证券股份有限公司（以下简称"中信证券"）中标兰州市国有企业信用保障基金管理人，顺利举办甘肃区域基础设施公募 REITs（房地产投资信托基金）业务培训会，深入挖掘甘肃省内重大项目和重点客户业务机会，助力中信品牌影响力再升级。

第三是产业链协同。中信产业链协同注重上下游各个环节互通有无，着眼发挥综合比较优势，从整体上实现企业效益、市场地位、核心竞争力提升。中信集团很多子公司在业务发展中，形成了产业链上下游合作关系，既可相互给予业务支持，又可推动产业链转型升级。在中信澳洲磁铁矿项目（以下简称"中信澳矿项目"）建设运营过程中，集团旗下中信重工机械股份有限公司（以下简称"中信重工"）、中信金属股份有限公司（以下简称"中信金属"）、中信泰富特钢集团股份有限公司（以下简称"中信泰富特钢"）等子公司协同打通磁铁矿从采矿、选矿到运输、销售的全产业链条，合作建成管道通廊、道路桥梁、港口、自备电厂、海水淡化厂、简易机场、生活营地等基础设施，形成一个一体化超大型的完整生产系统，最大程度保障中信澳矿项目独立运行，大幅提升了项目的管控水平和运行效率。

第四是区域协同。在这一协同模式下，中信集团践行国家区域发展战略，组织区域内各子公司携手开拓市场，赢得区域竞争优势。根据浙江地区县域经济发展特点，中信银行杭州分行（以下简称"杭州分行"）依托集团和总行，立足最佳综合融资服务商的定位，为地方政府量身定制出综合金融服务方案。杭州分行协同中信建投证券股份有限公司（以下简称"中信建投证券"）和中信环境投资集团有限公司（以下简称"中信环境"）[1] 等子公司，把握国资平台转型发展机遇，与绍兴市柯桥区国有资产投资经营集团有限公司签署总额 300 亿元战略合作协议，为其提供综合型全能金融服务，全面打通融资通道，形成获得广泛认可的"柯桥模式"，协同价值与成效也被最大程度地发挥出来。

第五是综合金融服务协同。中信集团旗下金融类子公司通过金融资源整合、协同平台搭建等方式，联合设计新的金融产品，为客户提供综合化金融服务。特别值得一提的是 2022 年 3 月中国中信金融控股有限公司（以下简称"中信金

---

[1] 2022 年 7 月，中信集团对中信工程设计建设有限公司和中信环境投资集团有限公司实施整体合并，成立新中信环境，故本书中除了信息来源之外，其他全部统一为中信环境。

控"）的成立，中信金控是中国首批获准成立的金融控股公司之一。中信金控的金融行业牌照齐全、业务范围广泛，旗下涵盖银行、证券、信托、保险、资管五大领域，以"搭平台、建机制、定规则、强协调"为重点工作方向。中信金控成立后，进一步整合中信集团金融子公司资源，聚焦财富管理、资产管理、综合融资三大方面，为客户提供一揽子服务，持续增强客户黏性，促进综合金融服务生态闭环和能力提升。它也被认为是驱动集团高质量发展的"头号引擎"，将集团的协同作战推向了新高度。

2022年，在中信金控牵头协调下，集团金融子公司协同推进重点项目200余个。在重点客群综合服务方面，实现首批23家战略客户管理资产规模增长23%至1 622亿元；在重点业务联合营销方面，实现债券承销规模增长16%至1 679亿元、协同融资规模增长278%至518亿元；在区域合作深度挖掘方面，推动北京、长春、西安等区域所在机构围绕区域发展，举办"成就伙伴"系列活动，整体对外发声、形成合力，赢得地方政府更多支持，触达更多仅凭单打独斗难以触达的优质客户。

第六是战略合作协同。中信集团在强调内部协同的同时，还不断推进与外部合作伙伴的战略协同。一方面是与其他企业集团开展战略合作。通过资源互换，帮助中信子公司开拓新市场、新业务，开展与战略合作伙伴的股权投资、资产交易；发挥中信集团海外平台优势，帮助战略合作伙伴开拓海外市场，寻找海外投资机会；与战略合作伙伴组建联合体，各取所长，共同参与国家重大项目实施，共同攻关国家关键技术与关键工艺等。例如，中信集团协同旗下各子公司就资本运作、项目融资、收购兼并、资产托管、银团贷款及企业员工团体保险等多方面，给徐工集团工程机械股份有限公司提供财务顾问服务和保险服务，支持其在海外建设工厂及开展进出口产品业务，这种综合服务模式，显示出中信集团强大的市场竞争力，是中信集团领先于同业不可忽视的优势。

另一方面是与地方政府开展战略合作。由中信集团基于地方政府的发展需求，与地方政府签署战略合作协议，和当地政府机构联手推动项目落地实施，同时当地政府也积极支持中信集团与本地企业合作共赢。以资阳临空经济区产业新城 PPP 项目为例，这是中信集团与四川省人民政府战略合作的重点项目之一，对推进成渝经济圈建设具有重要意义。该项目由中信建设有限责任公司（以下简称"中信建设"）牵头实施，除进行集团内部金融资源的协同外，中信集团多家子公司还参与了项目规划、建设与运营，通过各个环节的优势互补，实现价值共创。其中，中信环境下属的中国市政工程中南设计研究总院有限公司（以下简称"中国市政中南院"）进行项目规划设计，为各期项目提供规划服务；中信和业投资有限公司（以下简称"中信和业"）负责项目咨询，为产业孵化中心运营提供咨询服务；中信环境下属的中信建筑设计研究总院有限公司（以下简称"中信设计"），以及中信建设下属的北京华美装饰工程有限责任公司等，则参与该项目的房建设计、装饰装修、钢结构和景观、绿化工程。

资阳临空经济区产业新城 PPP 项目彰显了中信集团通过战略合作协同，服务战略合作伙伴的强大实力，项目的高质量推进得到了社会各界的广泛认可。其中，三贤路跨雁溪湖大桥荣获中国建筑金属结构协会发布的"中国钢结构金奖"；产业孵化中心建设工程荣获"四川省建设工程天府杯金奖"。[1]中信集团六大协同模式如图 1-2。

图 1-2　中信集团六大协同模式

在当今时代，单打独斗很难造就持续领先企业。不难看出，中信集团的协同模式是基于市场运行规则和集团发展实践形成的，能有效整合配置集团资源，打破"业务墙""公司墙"，延伸公司价值链、产业链，最大程度发挥协同效应，支持大型企业集团可持续发展。

1　中信集团.《人民日报》头版头条关注中信建设资阳临空经济区产业新城 PPP 项目［EB/OL］.［2023-03-22］.https://www.group.citic/html/2023/News_0322/2618.html.

一个中信，一个客户

在中信集团，有一个原则，叫"一个中信，一个客户"。具体来说，即中信集团各子公司通过内部协同机制，充分共享客户信息，在深入挖掘各子公司客户资源的基础上，深入分析客户需求。通过需求分析，各子公司联手为客户提供综合营销服务方案，以此赢得客户信赖，构筑起更广泛的"协同朋友圈"。

客户共享，营销共赢

相对于业务较为单一的企业而言，客户共享、营销共赢不仅是中信集团协同发展的生动体现，更是中信集团的独特优势。在"一个客户"的前提下，中信集团可以通过组建联合营销团队，设计综合服务方案，满足客户全方位的综合需求，增强综合化的定价能力。从本质上讲，这是中信集团的一套内部考核与收益分配机制，目的是保障各子公司围绕客户需求进行更紧密的协同合作，在拓展各自发展空间的同时，促进集团整体利益最大化。

一方面，加强客户信息共享，满足客户综合服务需求。为整合个人客户资源，中信集团推出"中信优享+"系统，通过区块链、大数据等互联网技术及云化部署等服务，探索"一个集团、一个客户、一套账户"目标的实现路径。"中信优享+"系统集合内外部资源，为客户提供更加多元的服务场景和体验，使"一个身份，万千可能"的理念落地。通过该系统，客户可凭借一个数字身份，成为该系统上众多商户的会员，并可享受中信提供的金融、商旅、文化、电商、餐饮娱乐、社区服务等诸多服务，还可享有跨领域积分归集通兑、账户互联互通、会员等级互认、会员特权等体验。[1] 作为一个开放协同创新生态圈，"中信优享+"是中信集团布局消费零售领域踏出的重要一步，也是"一个中信，一个客户"理念的生动实践。截至 2023 年 7 月，"中信优享+"的注册用户已超过 1 亿户。可以想象，这将为中信集团构筑起更大的客户"朋友圈"，也将为客户创造更多美好可能。

再拿中信金控举例。中信金控下属各金融子公司，目前共有 1 亿多零售客户和数百万对公客户。这意味着通过梳理客户服务体系、整合获取渠道场景，各金融子公司仅基于集团已有客户资源，就可获得巨大的潜在增量市场。比如，客户 A 先在中信银行办理了存款业务，其财富增加后，又有了理财需求，想要通过基金配置实现财富增值，这时中信证券

---

1 中国经济网.一个身份可享各项服务 中信集团推出"优享+"互联网平台［EB/OL］.［2018-09-18］.http://www.ce.cn/xwzx/gnsz/2008/201809/18/t20180918_30335518.shtml.

就可为其提供相关服务。随着客户家庭财富的积累，客户 A 又向家族信托业务延伸，此时中信信托有限责任公司（以下简称"中信信托"）就可"出手"了。可以发现，仅通过客户 A，就实现了中信银行、中信证券、中信信托经营效益的增加。在未增加获客成本投入的情况下，各个公司都获得了更多实实在在的利益。

另一方面，强化协同营销共赢，促进整体效益最大化。在中信集团协同工作体系作用下，各子公司通过组建联合体、召开客户见面会、创立服务品牌等方式，对重点客户开展立体联合营销，满足客户多元化、个性化需求。举例来说，中信银行针对高端企业家客群，于 2021 年联合中信证券、中信信托、中信保诚人寿保险有限公司（以下简称"中信保诚人寿"）、中信建投证券等中信集团金融子公司，以及中信出版集团股份有限公司（以下简称"中信出版"）、中信网络有限公司（以下简称"中信网络"）、中信医疗健康产业集团有限公司（以下简称"中信医疗"）、中信和业等中信集团实业子公司，共同推出"云企会"综合品牌服务体系。"云企会"依托中信集团协同优势，整合金融与实业内部资源，消除对公和零售业务传统边界，从个人、家庭、企业三个维度，给企业家客群提供全方位、个性化、市场上稀缺的"金融＋非金融"综合服务方案。具体服务内容既包括围绕生产场景提供综合融资、资产增值、财富传承等金融服务，又包括围绕生活场景提供健康保障、法律咨询、子女教育等非金融服务。真正做到子公司强强联手，为客户设计综合化服务方案，实现生态共融、营销共赢。

又如，中信信托联动中信银行、中信证券、中信建投证券、中国华融资产管理股份有限公司（以下简称"中国华融"）、中信城市开发运营有限责任公司（以下简称"中信城开"）等机构，聚焦化解外部客户风险，创建特殊资产工作室。按照投行化、数字化、生态化思路，工作室综合运用债务重组、资产重组、资产置换、债转股等手段，为客户提供一揽子的全流程特殊资产服务。截至 2023 年 7 月，特殊资产工作室协同实施了 11 个特殊资产信托项目，落地项目规模达到 7 750 亿元，居行业首位，展现出中信集团在特殊资产服务领域的协同作战优势。

再如，在中信金控统筹协调下，多家子公司联合组建盘活存量资产专班，聚焦政策导向及市场机遇，为客户提供咨询财顾、投融资和托管一揽子的盘活存量资产服务。截至 2023 年 7 月，中信集团参与的公募 REITs 项目规模及单数均排名行业第一，为北京、无锡等多地提供资产盘活服务，助力地方政府减小财政压力和债务风险。

秉承"一个中信，一个客户"服务理念，通过客户共享和营销共赢，中信集团充分发挥自己金融全牌照与产业多元化优势，跨行业、跨领域、跨公司进行创新合作，既为客户提供高品质的综合服务方案，又为中信集团带来协同增效的超额收益。

综合服务，客户受益

从客户视角看，通过中信集团提供的专业化、全方位、一揽子产品或服务，客户的差异化、多样化需求得到了最大程度满足。对个体客户而言，中信的协同模式可以实现其财富管理的多元化，对客户的财富增长和风险控制非常有利；对企业客户而言，中信的协同模式可以助力企业获得资金、政策、技术等各方面支持，或可激发企业活力，或可促成企业转型升级，或可为企业发展打开新的路子。

以成都天府新区项目为例，中信系联合体为地方政府提供了一揽子解决方案。中信城开负责整个天府新区项目的牵头推进、开发管理及运营维护；中信产业投资基金管理有限公司和中信证券等通过专项资管计划入股项目，提供金融支持；中信戴卡股份有限公司（以下简称"中信戴卡"）将 KSM 生产线落地成都天府新区，并由天府新区项目公司对其提供资金支持。中信提供的综合解决方案为天府新区引进产业、促进就业，为地方政府提供可持续发展助力，而不局限于房地产开发，因此这种模式深受地方政府欢迎。

再以中信银行贵阳分行与中信金融租赁有限公司（以下简称"中信金租"）携手为例，中信系两家机构通过实地调研，仅一个月就为贵州一家火力发电企业量身定制出综合金融服务方案，展现出强大的专业能力与办事的高效性。后来市场环境发生变化，火力发电企业想调整提款方案。面对授信条件的变化，中信银行与中信金租不断联动，在完善调整综合金融服务方案的同时，还密切配合客户签署融资租赁合同，收集放款资料。最后仅在 2 个工作日内就实现了首笔放款 2.5 亿元，满足了客户需求，中信速度又一次赢得了客户信任。

不仅如此，在助力粤港澳大湾区发展中，也常常能看到中信联合体的协同身影。为助力广州一家能源公司解决"卡脖子"难题，中信证券作为财务顾问，与中信银行通力合作，充分发挥投行业务优势，帮助这家公司完成混合所有制改革。2021 年 4 月，中信证券通过公开竞标，成功获得该公司的 IPO（initial public offerings，首次公开募股）保荐业务。与此同时，中信银行发挥全国性商业银行实力，为这家能源客户提供"境内 + 境外"合作，助力其向国家外汇管理局申请境外放款额度和搭建 FT（free trade，自由贸易）全功能资金池等。该客户的改制、融资、资金管理问题，被中信联合体一揽子有效解决。

围绕一个客户协同作战，是中信集团一种成熟的协同模式。各子公司依托中信集团协同体系，依据各自特色，取长补短发挥专长，为客户提供兼具差异性和专业性的综合服务方案，满足客户多元需求，更好地赋能客户发展，得到了客户和市场的认可。而今，"一个中信，一个客户"理念已成为中信集团提质增效的重要途径和可持续发展的不竭动力。

一个产品，渠道共建

在中信集团持续推动协同工作的过程中，有一点尤为值得注意，那就是中信集团利用自身业务布局多元的特点，积极发挥子公司专业优势，组织各子公司联袂进行产品服务创新和渠道拓展共建，以尽可能低的成本创造出最具价值的产品，不断丰富中信产品货架体系，在市场中做到"人无我有，人有我优"，从而凭借产品和渠道优势领先同业。实际上，对任何一家企业来说，产品和渠道都是其立足市场、赢得客户的重要砝码和前提保障。所以，中信集团把产品和渠道打造放在了非常重要的位置，并提出要在集团协同机制下，实施产品共创、渠道共建，锻造核心竞争力。

产品共创，服务升级

如何进行产品共创？中信集团有自己的思考与尝试，并最终取得了良好的效果。比如，中信集团依托自身金融门类较全和大资管协同模式成熟的优势，由中信银行牵头，联合中信证券旗下的华夏基金管理有限公司（以下简称"华夏基金"）等研发出"薪金煲"。这款产品创造性地将银行的结算功能与货币基金的收益相结合，让客户实现存款余额理财、消费自动赎回、每日收益结转等。从某种程度上讲，"薪金煲"达成了客户"理财全自动"，淡化了货币基金概念，让客户既可直接取现消费，又可获得较高的收益。因此，在"薪金煲"面市时，业内人士评价说，"薪金煲"的推出对银行业来说不亚于一场自我革命，或可成为取代活期存款的新业务形态，影响将十分深远。

客观地说，从"薪金煲"发展轨迹来看，自成立之初在"宝宝类"产品中突破重围，到今天仍是市场上具有较强竞争力的产品，无疑印证了这款联创产品的成功。这款产品在为客户提供优质服务的同时，给中信银行带来了可观的收益，验证了中信集团产品共创理念的正确性。

事实上，中信集团各子公司在产品共创方面的案例还有很多。例如，中信医疗与中企通信携手，就智能化病案质控项目进行合作，开发出基于湖仓一体大数据平台和"智医"算法底座的智能化病案质控系统，成为中国大健康领域智能化实践的成功案例。而在中信集团的金融产品共创方面，不得不提的是"中信优品"的打造。

"中信优品"是中信金控财富委发挥各子公司金融全牌照优势，借助"中信智库"专业投研力量，推出的资产配置产品池。其最具吸引力的地方是，从全资本市场为投资者选出优质的机构、适配的策略和优秀的产品，不仅减轻了投资者的财富选择焦虑，降低了产品投资风险，还搭建起可引领市场的产品甄选体系和评价体系。中信集团有了这个全谱系、开放式的全市场精选产品货架，可以长期保持市场竞争力和长期影响力。

目前，"中信优品"的产品谱系已全面覆盖公募基金、私募基金、固收产品、FOF（fund of fund，基金中的基金）和理财产品等品类。自 2022 年推出至 2023 年 7 月，已累计有 11 只产品，位于问世，募集规模超 510 亿元，产品业绩整体优于同策略产品前 25% 分位，市场反响强烈。其中首只"中信优品"——华夏福源养老 FOF，积极响应落实国家关于个人养老的支持政策，对 2030—2060 年退休人员全覆盖，帮助个人规划养老的财富管理，取得了养老目标基金首发规模市场第一的骄人战绩。这不仅是中信集团布局养老领域的重点产品，更是其布局财富管理新蓝海的重要棋局。2022 年 5 月至 2023 年 7 月"中信优品"销量情况如图 1-3。

图 1-3　2022 年 5 月至 2023 年 7 月"中信优品"销量情况

综上来看，中信集团实施产品共创，是基于客观发展规律和自身资源禀赋做出的战略布局，已成为中信集团打造核心竞争力的重要举措，对中信集团的未来发展具有重要意义。

渠道共建，引爆客户

为更好地响应客户多元化的需求，中信集团明确提出，要通过产品渗透、服务共享等方式，充分利用线上线下渠道资源和协同信息系统，共同开展营销渠道建设，让客户通过一个入口，便能触及集团的综合服务和产品。

以中信出版为例来说，中信出版身处出版行业转型升级大环境之中，正不断寻找新业务、新渠道和新模式，以突破传统业务瓶颈。为此，中信出版持续加强与兄弟公司的协同合作，联合打造"云舒馆""中信之家""中信微书店"等多种渠道，以实现兄弟公司之间渠道资源共建共享的目的。其中，云舒馆是中信出版与中信银行携手打造的为中信系客户提供精品图书免费阅读服务的终端。借助云舒馆，客户以持有的中信银行借记卡或信用卡为借书证，可以在全国范围内享受"A地借阅—空中阅读—B地（或A地）归还"的免费漂流阅读模式。[1]

金融客户与出版行业的有机结合，实现了中信银行与中信出版的合作共赢。通过该共建渠道，中信出版品牌可以获得更大曝光度，增强市场影响力，从而吸引更多读者，为图

---

1 中信改革发展研究基金会课题组.中信创造力：金融与实业协同发展竞争力［M］.北京：中信出版集团，2018.

书销售带来新的机会。同时，云舒馆还可以提供实时的读者反馈和数据分析，帮助中信出版更好地了解读者需求，进而更精准地做好图书推荐和市场定位，实现经济效益增长。

中信集团布局横跨多个领域，业务遍布全球多个国家和地区，这在客观上为其渠道共建创造了良好条件。这仅从中信集团能源平台搭建一事便可见一斑。

为解决制造业板块的天然气使用成本过高问题，中信集团旗下秦皇岛信能能源设备有限公司在山西省晋城市沁水县建设中信集团制造业板块气源地。通过与国家管网深入合作，公司搭建起中信集团能源平台。该平台能让低价气源通过管道直接运到中信集团各个企业，从根本上解决中信集团制造业板块企业用气难、用气贵的问题。经测算，到"十四五"末，中信集团的天然气总需求量约为10亿立方米，该平台每年可为集团节约成本约3亿元。

见一叶落，而知岁之将暮；睹瓶中之冰，而知天下之寒。从上述案例就可以看出，渠道共建是中信集团共享资源、协同增效的生动体现，更是中信集团突破传统约束条件、持续降本增效的重要措施，为中信集团高质量发展注入新动能、新活力。

一点突破，全员响应

管理大师彼得·德鲁克（Peter F. Drucker）认为，当今企业间的竞争不是产品之间的竞争，而是商业模式之间的竞争。无数商海沉浮案例不断证明了这一点，商业模式不仅仅关乎盈利水平，更关系企业可持续发展能力。

如今，在大型企业集团经营发展过程中，"大协同"商业模式已成为趋势和潮流。通过协同合作，不仅能发挥出整体优势，提升资产运营效率，增强市场核心竞争力，还可降低市场风险与运营成本，减少企业能耗，实现企业集团利益最大化。对企业集团而言，唯改革者胜，唯协同者远。

中信集团经过实践探索，得出明确结论：协同是集团实现高质量发展的重要法宝，协同战略是集团发展的重要抓手。在不断强化协同工作的过程中，中信集团创造出了"一点突破，全员响应"的一站式综合服务体系。该体系依托中信集团金融全牌照和实业全覆盖的独特禀赋，演化出融融协同和产融协同两种运作方式，通过"一点突破"，有效整合集团资源，降低市场竞争中的信息不对称成本；通过"全员响应"，提升业务反应速度，强化客户服务质效。

融融协同：创建金融生态圈

融融协同，即中信集团综合金融服务板块各子公司携手合作。通过融融协同，中信集团金融子公司可以通过企业间的优势互补，发挥专业特长，填补经营短板，实现协同创新突破。尤其是 2022 年以后，以中信金控成立为契机，中信集团金融子公司之间持续强化融融协同，进一步构建起集团金融生态圈。

如今，中信集团已在融融协同方面创造出诸多生动案例，为同业的协同实践提供了经验参考。中信银行与中信建投证券合力打造出的"晋江国企整合发债模式"就是其中的典型案例。中信银行与中信建投证券到福建晋江协同调研时发现，当时晋江市国有企业改革进入转型关键期，面临着国企资源整合难题。中信银行与中信建投证券敏锐地从中嗅到业务机遇，开始由浅及深挖掘合作机会。两家中信系子公司快速组建联合工作组，经过调查研究，工作组认为晋江国企存在市场化运营不足、资源分散等短板，可将这些国企整合成资产实力较强、主营业务清晰、现金流较充裕、信用评级达 AA+ 级的新国有企业主体。

经过一年多的摸索实践，中信银行与中信建投证券创造出整合国有企业资源、优化融资方式的"晋江国企整合发债模式"，并成功发行 2020 年度第一期中期票据。这种创新的金融服务模式，以债券融资为突破口，通过国有企业深化整合，可以为地方政府提供全面的综合服务方案，使国有企业以较低成本获取债券、信贷、股权等多元融资，同时还可帮助地方政府制订科学合理的国企中长期融资规划。

"晋江国企整合发债模式"不仅得到晋江市政府的认可，更增强了中信集团在地方经济中的影响力。2021年6月，"晋江国企整合发债模式"被评为福建省十大金融创新项目之一，并且被复制推广到了福建南安、惠安、长乐等多地，成为帮助地方国企改革、支持地方经济发展的重要模式。

像这样融融协同、有效突破的案例，中信集团还有很多。比如，中信信托与中信银行抓住经济环境复杂带来的特殊资产业务机会，联合举办特殊资产业务培训，重点加强在该领域的互动协同，共同探索特殊资产信托业务合作方式。仅2022年，中信信托与中信银行就成功落地海航集团破产重整专项服务信托、恒大北京系列风险资产隔离服务信托等多个协同项目。[1]

又如，中信银行联合中信保诚人寿、中信信托，成功落地中信保诚人寿单笔总保费达1.2亿元的大额保单，为客户提供了保险保障、资产配置及家庭财富传承等多重服务。这种"一石三鸟"的服务方案，既帮助客户实现了资金安全，又为客户带来了长期的收益，更解决了家庭财富传承问题。

在融融协同下，截至2022年末，中信旗下金融子公司联合融资规模、资产托管总规模均已突破2万亿元，对公交叉

---

1 中信信托.中信信托与中信银行联合举办"特殊资产业务培训"［EB/OL］.［2023-01-19］. https://baijiahao.baidu.com/s?id=1755418443004384777&wfr=spider&for=pc.

销售产品规模为 747 亿元，均实现持续稳定增长。融融协同已成为中信集团的重要生产力，持续提升集团资产运营效率，增加集团整体效益。

产融协同：构建利益共同体

设想一个场景：一位银行业务经理与一家建筑企业对接。这家建筑企业除了传统的信贷融资需求外，还想寻找建筑领域的合作伙伴，银行做完传统的信贷融资业务后，可能就无法与该建筑企业产生业务上的联系了。因为银行是金融企业，一般较少提供产业方面的服务。如何锁定客户、挖掘出客户的价值？中信集团给出了自己的答案——产融协同。

在产融协同探索实践中，中信集团提出要以先进智造板块、先进材料板块、新消费板块及新型城镇化板块的业务场景为样本，创新业务协同模式，进一步提升中信集团为实体经济提供综合金融服务的能力，用金融"活水"浇灌"实业之田"。

值得一提的是，中信银行协同中信建投证券、中国国际经济咨询有限公司（以下简称"中信咨询"）、中国市政中南院创新服务，形成具有中信特色的惠州产融协同＋融资融智服务模式——"惠州仲恺模式"。在该模式中，依托中信集团"金融＋实业"的优势，中信银行惠州分行作为惠州地区业务协同牵头单位，深耕惠州各级政府和企业，提供信贷、融资、授信等服务。中信建投证券提供债券发行与债券承销服务，帮助企业进行股权融资和资本运作。中信咨询提供咨询服务，协助企业进行投资决策和项目评估，帮助企业进行发展规划编制，为企业未来发展指明方向。中信环境下属的中国市政中南院则提供政策咨询、项目孵化和技术支持等服务，帮助企业提升创新能力。

在"惠州仲恺模式"下，中信集团与仲恺高新区政府在基础设施、公共服务、产业园区设计、债券发行与承销、综合金融服务等领域开展深度合作，基本上做到了产融业务的"一网打尽"。既为惠州政府、地方企业提供了全方位的服务产品和方案，促进了地方实体经济的发展，同时又通过中信集团产融协同增效，实现了资源有机整合，降低了整体运营成本。

又如，中信银行携手中信城开、中信信托，合力开展深圳佳兆业资产包风险化解工作。为支持房地产行业健康平稳发展，中信联合体与深圳市政府紧密沟通，按照"求大同、存小异"原则，制定"收购部分资产＋其余资产封闭运营"的化解思路，将佳兆业集团控股有限公司（以下简称"佳兆业集团"）5个项目纳入资产包，统筹设计风险化解方案。一方面，中信联合体现金收购部分资产，实现地方政府维稳需求。中信城开以公允评估值收购佳兆业资产包中的丰隆写字楼项目，由中信银行为该项收购提供部分融资，并配合深圳市政府将部分交易对价用于满足佳兆业集团的理财兑付和清偿工程款等维稳需求。另一方面，中信联合体设立信托计划负责项目管理，实现项目封闭运营和风险隔离。中信信托将其余资产包项目重组后统一装入服务信托计划，完成与佳兆业集团的风险隔离，再由中信城开负责代建代管并注入增量资金，推动项目复工复产，逐步盘活底层资产。

在深圳佳兆业资产包风险化解工作中，中信集团金融与实业子公司各司其职，不仅推动大型出险房企打破僵局，实现地方政府、项目业主、存量债权人和增量资金提供者之间的风险分担、利益共享，实现整体效益最大化，还进一步化危为机，盘活 800 亿元可售货值，向市场释放出房地产企业纾困的积极信号，稳定了市场信心，为助力地方经济发展、维护金融稳定和保障社会民生做出了贡献。

此外，在产融协同方面，中信集团还有着许多实践创新。例如，中信集团在上海自贸区成立了由中信银行、中信重工、中信建设、中信戴卡等组成的协同平台。通过该平台，中信银行上海分行成为"离岸的中资银行"[1]，既可积极利用自贸区优势，推动中信集团其他子公司建立全球资金管理体系，又可协助其他子公司进行全球询价，寻找低成本资金，帮助兄弟公司"走出去"，开展跨境业务，增强国际竞争力。

中信城开与中国华融围绕集团产融协同深化战略部署，积极开展涉房业务重组、纾困项目管理和融资需求协作，达成涉房业务全面合作意向。以此为契机，双方持续探索 AMC（资产管理公司）转型的中信模式，打开涉房业务发展新局面。中信建投证券助力中信泰富（中国）投资有限公司（以下简称"泰富中投"），发行上海船厂项目优质资产的 CMBS（commercial mortgage-backed securities，商业按揭支持证券）。该业务开创性地采用发行人无主体增信模式，是全市场首单

---

1 "离岸的中资银行"指的是在境外设立的、由境内的金融机构控股或参股的银行。

央企无主体增信 CMBS，也是中信建投证券助力泰富中投再一次实现境内资本市场融资的实践，是全流程、多层次开展内部协同的又一标杆。

通过产融协同，中信集团各子公司形成了利益链接共同体，协同价值得到了最大限度发挥，使集团收获了可观的经营效益，且实现了各金融公司与实业公司的共同发展。

第二章

创新增效：
强化创新引领，提升发展质效

立足新发展阶段、贯彻新发展理念，充分发挥创新在构建
新发展格局中的引领作用，全力打造"第二增长曲线"。

于人类而言，创新是文明发展和变革的先导；于企业而言，创新是基业长青的基石。于中信集团而言，创新是发展的不竭动力和优势所在；于降本增效实践而言，创新是实现"从增长到增效"的关键一环。

中信集团始终保持对新事物、新机遇、新趋势的高度敏感性，立足专业化、差异化、精细化，推动技术创新、模式创新、业务创新和理念创新，实现效率变革、质量变革、动力变革和管理变革。在生产方面，中信集团强调技术创新、流程改进，积极开展关键技术攻关，注重从工艺流程中寻找突破点，不断提升竞争力。在业务方面，对原有业务转型升级，基于市场需求开拓新业务，根据发展实践创造新的业务模式等，不仅完善了中信集团的业务布局，还拓展了中信集团的收入来源，真正实现了增效。在产业布局方面，紧跟国家发展战略，践行企业责任担当，坚持业务多元布局，关注行业新的发展趋势与方向，力争构筑起第二增长曲线。在节能减排方面，中信集团全面贯彻国家"双碳"决策部署，积极推进"两增一减"发展战略，坚持走绿色低碳发展之路，努力成为绿色金融的引领者、绿色低碳技术的开拓者、绿色低碳产业链的保障者、绿色低碳消费趋势的推动者和绿色低碳城市的营建者，在实现自身高质量发展的同时，为中国绿色低碳转型发展贡献中信力量。

以技术创新引领效率变革

作为一家金融与实业并举的大型综合性跨国企业集团，中信集团从成立至今，都非常注重在生产创新环节下"苦"功夫，积极为突破"卡脖子"技术做出贡献，真正做到了国之大者与经济效益的良好结合。2020年下半年中信集团全面启动"开源节流、降本增效"专项工作以来，以创新为牵引的生产环节降本增效更是各项工作的重中之重。中信重工、中信泰富特钢、中信机电制造集团有限公司（以下简称"中信机电"）等实业板块企业尤为关注这一点，将生产技术、生产工艺、生产流程创新作为其降本增效的主要发力点。

改造"旧"技术

实业占据半壁江山的中信集团特别重视对"旧"技术的改造升级。虽然成功实现一项技术的革新，可能需要不知多少时间，但正如俗语所说，"磨刀不误砍柴工"，不断堆积的量变最终必然引起质的飞跃。中信泰富特钢铜陵泰富特种材料有限公司（以下简称"铜陵特材"）的故事有力地证明了技术改造与优化对于企业发展的重要意义。

随着国内高炉大型化技术的广泛应用，高炉有效容积增大时，要求焦炭粒径均匀，使炉料具有足够大的孔隙度、上升煤气的压降梯度减小，从而确保高炉料柱的透气性。焦炭平均粒级的提高，有利于高炉冶炼，特别是在焦炭热态强度提高和粒级增大后，可使风口回旋区的体积等各项参数减小，有利于喷煤操作，进而也有利于风口回旋区的稳定。由于高炉的长周期稳定顺行在钢铁联合企业中至关重要，因此如何稳定提高焦炭粒级也是焦化行业一直探索研究的课题。铜陵特材作为焦炭原料供应基地，一直致力于提供指标合适、质量稳定的焦炭。围绕"提升焦炭粒级"的质量提升目标，铜陵特材成立专项工作组，试图攻克这一行业难题。

提高焦炭的粒级主要是整体提高焦炭的块度和焦炭的冷态强度（抗碎强度和耐磨强度），主要决定于煤炭的黏结性和结焦性。立项初期，铜陵特材主动学习行业专家先进的理论知识，并将所学知识与公司资源情况相结合，开展配煤结构优化研究；与上海理工大学展开合作，进行模拟实验研究，对标行业先进企业，借鉴先进管理措施。在持续开展外部学习的同时，铜陵特材内部技术人员也在聚焦单种煤的煤质研究，掌握各个煤种的优缺点，在配煤过程中发挥各煤种的优点，弥补其缺点，充分发挥配煤的配伍性，并根据配比控制煤化进程。经过多年的研究、探索和实践，铜陵特材焦炭粒级由 45.83mm 提升到了 50.5mm 左右，达到行业较好水平，实现了产品质量的巨大飞跃。

除了技术突破，铜陵特材还通过流程优化，在多环节实施细化管理，加强焦炭粒级生产过程管控，确保焦炭粒级稳定，运用科学方法，降低焦炭运输过程中的粒级破损。技术与管理的双管齐下有效保障了企业提升焦炭质量，实现了生产成本的持续降低。

在中信集团，这样的技术创新案例并不少。中信渤海铝业控股有限公司（以下简称"渤海铝业"）生产部的四大生产车间技改项目、中信泰富特钢的工艺流程再造等，都为中信集团的创新增效提供着源源不断的力量支撑。

开拓新技术

如果说"旧"技术改造让中信集团焕发出了新的生机，那么新技术的开拓，则是中信集团不断实现跨越发展的不竭动力源泉。中信集团一直把新技术开拓作为其壮大自身实力、夯实自身基础、实现跨越式发展的重要手段，并不断在这方面布局发力。中信机电是中信集团进行新技术开拓的典型代表之一。

中信机电以科研创新引领业务发展，积极投身集团改革实践，在创新增效上取得了长足的进步。在生产技术方面，随着智能制造产业园竣工投产，中信机电依托数字化管控平台打造智慧园区，结合大数据看板与 MES（manufacturing execution system，制造执行系统）融合的加持，实现了指挥与执行高度统一；在生产流程方面，逐步实现由各单位分散采购、生产到一体化管理，做到整合计划、物料、设备、人员、体系、数据六大方面的统一，实现生产集约化、加工数字化和质检在线化；在产业研发方面，巩固工程、架桥和抢救等专业技术，在自主机动、自主环境感知、群体协同指挥控制等技术应用上有所突破，深挖装备训练、应急抢险装备等的业务机会，实现由传统机械化装备向无人化、智能化装备拓展。三位一体创新增效，形成了"生产一代、开发一代、预研一代"的良性循环。

中信机电坚持以创新为驱动，以技术为立身之本，已形成以耐磨材料、冶金材料、金属复合材料等为主的材料业务结构。其中，耐磨材料不仅在同业中极具竞争力，而且在国际舞台上占有重要席位，产品80%出口到美国派克汉尼汾、卡特彼勒等国际著名公司，且成了这些公司的主要供应商；冶金材料具有技术、质量、区位优势；金属复合材料主要应用于航天、海洋工程、装备制造等领域，致力于解决这些领域在材料方面的卡脖子问题。通过技术革新，中信机电不仅真正实现了向创新要效益，还开发出新产品、新工艺等，成功拓展了材料业务的国内外市场，为自身迎来了更广阔的发展空间，民品业务规模和利润逐年增加，在市场上的优势地位得到进一步巩固，成为公司发展的第二增长极。

秉持工匠精神，精研工艺流程

中国现代画家、美术教育家徐悲鸿说："道在日新，艺亦须日新，新者生机也；不新则死。"纵观世界基业长青的百年企业，它们无不把"创新"二字牢记心头。而在企业创新中，生产工艺流程改进与优化则是不可忽视的一环。这一环节，看似简单、毫不起眼，但一个小小的细节改动都可能影响到企业的整体生产效率与效益，甚至关系到企业基本盘的稳定与否。是以，全球企业把生产工艺流程的创新创造放在了关键位置，作为企业核心竞争力来打造。中信集团也不例外。

为实现"打造卓越企业集团、铸就百年民族品牌"发展愿景，中信集团坚持从细节出发、从小处着手，秉承工匠精神，专注于生产工艺流程升级创造。借助"开源节流、降本增效"专项工作，中信集团掀起了一场自上而下的生产工艺流程改革创新运动。上自领导，下至员工，统一思想，层层传导，落实责任。通过上行下效，全方位、多层次、多维度调动广大员工创新增效积极性、主动性和创造性。

中信集团各子公司坚持在发挥主观能动性和创造性的基础上，以高标准、严要求进行工艺流程优化升级，实现生产进步、成本降低，增创经济效益。比如，中信锦州金属股份有限公司（以下简称"中信锦州金属"）优化硫代硫酸钠生产工艺流程创新，不仅让公司主要产品的技术指标达到历史最好，达到了降低生产消耗的目的，还创造出新的生产工艺，促进了整个行业的进步与发展。

中信锦州金属是中国第一个特种铁合金生产、科研基地，在中国冶金行业具有重要影响，产品远销欧美亚多个国家和地区。为实现降本增效，2020 年，中信锦州金属铬产品事业部根据自身已有产能和生产实际，通过反复测算，制订了一系列提升金属铬产能的实施方案。在金属铬的生产过程中，会产生需要无害化处理才能排放的废碱液。当金属铬废碱液被处理时，硫代硫酸钠（又名次亚硫酸钠、大苏打、海波）产品诞生了。这是一种无色或略带淡黄色的透明单斜晶系六面体结晶，可用作冲洗照片的定影剂，可作为纺织工业中的除氯剂，是生产低毒高效农药的重要原料，也在制革工业、医疗和水泥等领域有所应用。

随着金属铬产量的逐年增加，硫代硫酸钠的产量也相应增加。但中信锦州金属铬产品事业部发现，海波车间的吸收反应工序设备处理能力有限，不能满足日益增长的金属铬废碱液处理需求，成了制约金属铬产量增长的瓶颈。对此，中信锦州金属铬产品事业部迅速做出反应：召开技术论证会议，成立技术攻关项目组，带领海波车间员工进行技术攻关。技术攻关项目组坚持少花钱多办事的原则，经过不停地钻研，广泛查询资料，反复核算和研讨，制订了技术方案，通过实践，最终找到了废碱液处理能力瓶颈的症结所在——硫代硫酸钠吸收反应工序生产周期较长。找准方向后，技术攻关项目组精准发力、对症下药，不断调试、试验、取样、分析、总结、优化，最终取得了工业化试验的成功。

功夫不负有心人，中信锦州金属在不增加资金投入的情况下，利用已有生产设备，进行技术创新并对多个工艺单元进行联合优化，既保证了产品质量，又满足了提升金属铬产能的需要。经过试验，中信锦州金属取消了反应工艺单元，节约了硫代硫酸钠的生产成本，还通过增加除杂提纯工艺单元，减少了物料损失，增加了硫代硫酸钠的产量，每年可创造经济效益 300 多万元。

以模式创新引领质量变革

19 世纪著名生物学家达尔文认为，在大自然的历史长河中，能够存活下来的物种并不是那些最强壮的，也不是那些智商最高的，而是那些最能适应环境变化的。当今世界正处于百年未有之大变局中，国际政治、经济、文化、科技等格局都在发生深刻变化。国内很多企业的业务发展不可避免地受到全球经济发展环境的冲击。面对复杂多变、充满不确定性的生存环境，中信集团更要在降本增效实践中，夯实已有业务基础优势，积极创新业务发展模式，以更好地适应新形势、新环境，迎接新挑战、新任务，为高质量发展蓄势蓄力。

纵向延伸，升级传统业务

纵观公司发展历史，中信集团总能应势、应时做出改变，这也是集团不断发展壮大的秘诀之一。聚焦到业务发展上，则是中信集团总能敏锐地意识到变化，领先于同业，在原有业务模式上快速转型升级，从而确保自身在相应的行业中保持领先地位，占牢甚至扩大市场份额。其中，在原有业务转型升级上，极具典型性和代表性的当数金融领域的中信证券。

在加快构建"以国内大循环为主体、国内国际双循环相互促进的新发展格局"、深化资本市场改革的历史背景下，中国证券业迎来了良好的发展机遇。尤其是"十四五"时期，随着"规范、透明、开放、有活力、有韧性"资本市场的建设，中国证券业将进入高质量发展的关键期。在这样的情况下，中国证券业面临着加快传统业务转型和创新业务发展的双重压力。如何走出新的道路，事关未来长远发展。中信证券牢牢把握时代脉搏，进行前瞻布局，通过传统业务模式转型升级与创新，不仅走宽了发展之路，还实现了经济效益的快速增长，业务模式的创新帮助中信证券牢牢占据行业龙头地位。

一是加快传统经纪业务[1]向财富管理业务[2]转型。2018年，中信证券率先进行业务调整布局，全面启动财富管理转型，将公司经纪业务发展与管理委员会更名为财富管理委员会，实现经营理念从"以产品为中心"转变为"以客户为中心"，

---

1 传统经纪业务，是指接受客户委托，按照客户要求，代理客户买卖证券的业务。由于在证券交易所内交易的证券种类繁多，数额巨大，而交易厅内席位有限，一般投资者不能直接进入证券交易所进行交易，故此只能通过特许的证券经纪商来促成交易。所以，传统经纪业务主要赚取的是佣金，其中交易量和佣金率是核心指标。2002年5月1日，中国证券监督管理委员会、国家计委、国家税务总局发布《关于调整证券交易佣金收取标准的通知》，规定我国实行最高限额内向下浮动的佣金制度。于是，证券市场竞争加剧，通过经纪业务盈利的难度进一步加大。

2 财富管理业务，是指围绕客户资产提供综合金融产品和服务，以此获取服务费、管理费等收入，降低对传统佣金收入的依赖。同时还可实现客户规模和收入的持续稳定增长，以应对激烈的市场竞争。

客户从流量模式转变为存量模式，形成全业务、全客户的分级分类服务体系，深度梳理客户服务需求与公司服务能力，实现客户差异化需求的精准识别与服务匹配。中信证券自主打造集产品销售、投资顾问和资产配置为一体的财富管理平台，正式上线财富管理账户体系，已形成包括家族信托、财富私享、信享臻选与信享盛世、账户配置投顾服务、海外配置的"5+1"财富配置投资产品与服务体系。

年报显示，截至 2022 年末，中信证券客户数量累计超1 300 万户、托管客户资产规模保持 10 万亿级，其中人民币资产在 200 万元以上的客户数量近 16 万户。面向高净值客户配置的各类私募产品保有规模为约 1 800 亿元人民币；非货币市场公募基金保有规模为约 1 733 亿元人民币，排名行业第一；公募基金投顾业务累计签约资产超百亿元。保险代理销售业务正式上线，成为业内首家且唯一获批保险兼业代理业务的"法人持证、网点登记"创新试点公司。中信证券个人养老金投资基金业务正式启动，成为业内首批个人养老金基金销售机构之一。

二是调整资管业务发展战略。自 2018 年资管新规实施以来，中信证券便坚持以"扩大主动管理规模、发展权益产品、服务实体经济"为导向，提升投研专业化能力，完善买方投研体系，发挥牌照优势，大力发展企业年金、职业年金等养老业务。同时，抓住大集合转公募契机，补齐零售业务短板，做大零售客群，加强产品创新，成为公司各类策略的产品化平台，持续提升权益产品规模。2022 年中信证券年报显示，截至 2022 年末，中信证券资产管理规模合计约 14 178 亿元人民币，包括集合资产管理计划、单一资产管理计划，规模分别为约 5 033 亿元、9 145 亿元，资管新规下公司私募资产管理业务（不包括养老业务、公募大集合产品以及资产证券化产品）市场份额为 16.13%，排名行业第一。

三是大力推动投行业务创新，拓展投行业务发展空间。首先，作为国内同业中最早开展股权衍生品业务的券商之一，中信证券积极发展股权衍生品业务，有效丰富产品体系，提升产品研发能力，业务标的涵盖境内外股票、指数、基金、商品等各类资产，为客户提供全球化的财富管理工具；依托类型丰富的衍生品结构，为客户定制多样化的产品收益结构，以满足客户个性化的投资需求。

其次，持续做大做强 FICC（fixed income，currency and commodities，固定收益、外汇及大宗商品）业务。作为以机构业务见长的大型综合性券商，中信证券始终致力于打造国内领先的 FICC 业务体系。其固定收益业务规模在国内同业中保持领先地位，是公司业绩增长的重要来源。为此，中信证券设立全产品业务线来覆盖固定收益的各类产品、市场和客户，构建起以产品、交易策略为核心的专业团队，为客户提供更多的交易策略和风险对冲工具，以满足客户在现券、衍生品、外汇及商品等方面的需求。2019 年，中信证券成立"固定收益业务管理委员会"，作为全球 FICC 业务管理的议事机构，实现固定收益业务境内外一体化管理，更好地服务境内外客户跨境业务需求。

最后，稳健发展融资类业务。该业务是证券公司发挥资本中介作用、有效服务资本市场和实体经济发展的重要手段。

中信证券是行业内最早获得融资融券和股票质押式回购业务资格的券商之一，依靠自身强大的资本金实力，在风险可控的前提下，稳妥发展融资类业务，业务规模及收入始终处于行业领先地位。

截至 2022 年末，中信证券投行业务多项业务指标排名第一。在境内股权融资方面，中信证券完成 A 股主承销项目 166 单，主承销规模约为 3 763 亿元人民币（现金类及资产类），同比增长 13.38%，市场份额为 22.31%，排名市场第一。随着注册制改革的推进，完成 IPO 项目 58 单，主承销规模约为 1 498 亿元人民币，市场份额为 25.53%，排名市场第一；再融资项目 108 单，主承销规模约为 2 265 亿元人民币，市场份额为 20.60%，排名市场第一。债务融资业务继续保持行业领先地位，共承销债券 3 555 只，排名同业第一。承销规模合计约 15 786 亿元人民币，同比增长 0.93%，占全市场承销总规模的 6.32%，排名市场第一，占证券公司承销总规模的 14.74%，排名同业第一。财务顾问业务方面，完成 A 股重大资产重组交易规模约为 1 075 亿元人民币，排名市场第一。

除此之外，中信证券还坚持走国际化发展、全球化经营道路，在积极服务"一带一路"倡议等的同时，有效满足境内客户走出去、境外客户走进来的金融业务需求。2005 年，设立中信证券（香港）有限公司，成为业内第一家获准在香港设立全资子公司的中资证券公司；2011 年，中信证券完成 H 股上市，成为第一家 A+H 股上市的中资证券公司；2013 年，完成全资收购里昂证券，成为首家收购海外证券机构的中资投行，境外业务拓展至全球 13 个国家和地区。2020

年起，公司全面推动境内外一体化管理落地实施，设立投资银行、股权衍生品、机构股票、固定收益等全球业务管理委员会，实现前中后台全面一体化管理，并持续完善相关管理模式，推动公司各项业务的境内外一体化发展。

经过多项业务转型升级与创新发展，中信证券的业务结构更加科学合理，并最大程度地挖掘出了其业务潜力。

在业务转型升级与创新方面，取得显著成效的不止有中信证券，其他如中信银行、中信信托、中信重工、中信资源控股有限公司（以下简称"中信资源"）等，均在践行国家发展战略的基础上，根据行业、市场发展变化，创造性地进行了业务结构的优化调整与转型升级，并取得了丰硕的成果。

横向拓展，扩大业务范围

穷则变，变则通，通则久。从企业的长远发展角度来看，要保证企业有源源不断的能量输出，顺势而变、创新开拓是必不可少的。中信集团始终把创新业务的开拓与推动作为其从增长到增效的一个重要方面。在夯实同业领先优势的基础上，努力摆脱传统业务的桎梏，与时俱进开拓具有广阔发展前景与潜力的创新业务，并使这些创新业务成为中信集团可持续发展的重要源泉。

比如，中信信托在信托资产规模、营业收入、信托业务收入、净利润等主要经营指标方面均位居行业前列。从2017年开始，监管部门对信托行业进行严格整顿，严控地产信托规模，压降融资类业务及金融同业通道业务，重塑监管政策体系。2019 年 10 月，中国银行保险监督管理委员会（以下简称"中国银保监会"）通过《信托公司股权管理暂行办法》，进一步强化股东责任；2020 年，中国银保监会相继发布《信托公司资本管理办法（试行）》《信托公司资金信托管理暂行办法（征求意见稿）》，以期加速推进信托公司转型。

站在信托行业转型发展的十字路口，中信信托坚决贯彻集团降本增效指示精神，过好"紧日子"。落地到业务层面，则是加快业务结构调整，探索非标转标的合规路径，补强标品投资短板，大力发展标品投资、财富管理、服务信托业务，打造新的利润增长点。

最为突出的表现是，为促进公司业务结构优化调整，发挥集团协同优势，更好地把握市场机遇，挖掘创新业务价值空间，2021 年 12 月，中信信托以资产运营保全部[1]为基础，成立特殊资产业务部。该部门在承接资产运营保全部工作和所有业务的同时，致力于特殊资产处置服务信托、特殊资产投资业务和不良资产交易及受托处置业务。这意味着中信信托进入特殊资产业务竞争序列，并依据特殊资产领域"红海深远，蓝海广阔"的特点，积极推进特殊资产业务战略布局，遵循回归本源、服务实体经济的政策导向，进一步聚焦特殊资产投资、特殊资产服务信托业务，以新思路盘活了已有特殊资产，最终实现增效。

---

[1] 资产运营保全部，2015 年 4 月 1 日成立，主要工作定位是风险资产的归集管理和运营、保全。

自成立至今，中信信托特殊资产业务部分两步走：第一步，专注于公司内部风险项目的处置、运营和重组，累计回收现金 40 余亿元，通过重组化解风险敞口 10 余亿元。除此之外，特殊资产业务部还阶段性参与大型商业物业的运营工作，积累了一定的运营工作经验。而在资产保全方面，注重"硬清收"与"软重组"相结合，取得较好增收效果。

第二步，推进特殊资产业务转型。通过第一步对特殊资产相关业务的长期研究与经验积累，特殊资产业务部将特殊资产处置服务信托作为阶段性发展方向。

在集团协同大背景下，中信信托作为牵头方成功与光大兴陇信托有限责任公司受聘为海航集团有限公司等 321 家公司实质合并重整服务信托受托人。成功中标落地海航集团破产重整专项服务信托项目，这是业内规模最大的特殊资产服务信托项目。通过上述业务，特殊资产业务部在相关业务转型、相关业务信息系统建设方面起到牵头作用，带动中信信托破产重整服务信托业务，在业务规模、业务研究、业务系统建设等方面均已经居于业内领先地位。之后，就特殊资产业务，中信信托将在项目流动性纾困、债券特殊机会投资、困境债务重组、不良债权投资、特殊资产证券化等方面做深入探索。

此外，中信信托还在证券投资信托、家族信托与保险金信托、企业/职业年金受托管理业务、涉众性社会资金受托服务业务等创新类业务领域取得了优异成绩。

在证券投资信托业务上，中信信托重塑业务条线与流程，不断提升自主投研能力，结合 TOF（trust of funds，基金中的信托）业务，构建起类现金管理、纯债、固收+、市场中性、多策略均衡、指数增强、股票多头等不同风险和收益特征的标品产品货架。同时依托公司投研、运营和信息技术支持，结合"最新理论和自研策略"，发行了首个场外量化交易型证券投资产品"亮马河1号证券投资集合资金信托计划"（实验型产品），该业务为国内首创，进一步丰富了财富端产品条线、拓展了量化能力建设，较大程度提升了公司在资管业务方面的市场竞争力。

在家族信托与保险金信托业务上，通过与银行、证券、保险等内外部合作金融机构紧密协同，中信信托相继实现了非上市公司股权家族信托、上市公司股票家族信托、家族慈善信托、债权资产保险金信托等创新业务的成功落地。

在企业／职业年金受托管理业务上，中信信托作为行业唯一拥有企业年金基金法人受托机构资格的信托公司，2022年新增受托管理华夏基金的企业年金计划；在职业年金领域，截至2022年末，已落地广东、浙江、辽宁的职业年金业务，受托管理规模达246亿元人民币。

在涉众性社会资金受托服务业务上，中信信托深入探索运用信托机制管理涉众性社会资金，致力于解决社会生活中"受托人职责缺位、交易信用缺失"问题，着重研究老年群体、心智障碍群体等特殊人群在养老、托养等场景下的信托需求。自主研发保管服务信托业务管理系统，支持高频、实时、大量、非标准的信息交互传递和处理，构建起场景交易与信托运营之间的纽带，有效隔离风险。

为在高质量发展道路上走得更为稳健和长远，中信信托在创新业务方面铆足了劲儿。这是中信信托从容应对外部挑战，顺应监管变化，保持业绩良好和行业内位置稳定的制胜法宝。

抢抓机遇，创新业务模式

除了推动对传统业务的转型升级和大力开拓创新类业务，中信集团在业务创新方面还创造出了一些领先同业的业务模式。而其中，中信财务有限公司（以下简称"中信财务"）在票据业务模式上的创新尤值得一提，为中信集团的降本增效做出了实实在在的贡献。

2016年末，上海票据交易所股份有限公司正式成立，标志着我国票据业务发展开始进入规范、有序的快车道。与此同时，票据市场利率随着内外部环境变化而不断下行。在此情况下，中信财务转变发展思路，不断开拓票据业务发展新思路、新模式。2017年初至2018年上半年，票据直贴利率较高，加之票据资产兼具信贷属性，使得票据资产的吸引力较大，具备良好的配置属性。因此，中信财务将票据业务发展思路确定为"以低于市场价格的利率获取票据资产，并持有到期；开展适量再贴现业务"。2018年下半年以来，票据市场利率快速下行，与同期贷款利率相比已无优势，前期"持有生息"的发展思路已无法适应这段时期的利率环境，票据业务模式亟须转型。

中信财务根据前期积累的业务经验，开始利用票据二级转贴现市场与一级直贴市场存在较大利率差的规律，探索在票据二级市场上开展转贴现和回购交易，并在这一阶段不断扩大交易对手范围。随着票据转贴现和回购交易规模扩大，在为中信财务一级市场提供更为廉价的资金的同时，一级市场贴入的票源还为二级市场提供充足的票据资产。这种一二级联动的票据业务模式使得中信财务票据资产的周转效率不断增强，从而增厚票据业务收益率。

随着票据业务交易模式不断成熟，中信财务的票据业务人员的专业能力不断增强。在此基础上，中信财务就票据业务开展了各类创新性的尝试。比如，依托自身强大的市场交易能力，将成员单位手中一些流动性较差的票据（如中小银行承兑及部分财务公司承兑的票据）贴现后再转出，不仅解决了成员单位该部分票据难以流动的难题，还降低了中信财务持票的信用风险。再如，中信财务积极创设出"T+0"交易模式[1]，这不仅能够阶段性降低成员单位贴现成本，而且能降低中信财务的持票利率风险。

2020 年，中信财务更是在帮助成员单位中信环境的网安基地项目解决融资难题的过程中，创造性地与招商银行开展"承兑＋直贴＋转贴"业务模式[2]。通过该业务模式，中信财务为中信环境网安基地项目提供融资约 1 亿元，减轻了中信环境的付款压力，解决了其融资难题。这同时也是中信财务在延伸产业链金融上做出的积极尝试。

正如管理大师彼得·德鲁克所言：当今企业间的竞争，不

1　"T+0"交易模式，即在一些特殊时点（如季度末票据转贴价格突然大幅下降的时候），利用二级市场有利的转贴现价格，"T+0"快速传导至直贴市场。

2　"承兑＋直贴＋转贴"业务模式，即由中信财务为中信设计（即项目总包方）开出银行承兑汇票并支付给上游武汉建工集团股份有限公司（以下简称"武汉建工"，是网安基地项目的上游企业）后，武汉建工向招商银行北京分行申请办理贴现（已经由中信财务提前沟通好），招商银行贴现办理完成之后，再通过转贴现的方式将该笔票据卖断给中信财务。

是产品之间的竞争，而是商业模式之间的竞争。仅从中信财务的业务发展实践上就可以看出，一个公司的商业模式不应一成不变，它应随着时代变迁、国内外经济发展以及公司自身发展等而不断革新。这也是一家公司得以在市场上占据稳定地位的重要因素之一。

唯有变通，方可持久。除了中信财务，中信网络作为中信集团数字化转型的重要参与者和赋能者，凭借其数字化建设及运作能力，实现集团内外产产协同、拓展商业机会，也是中信集团实业板块创新业务模式的典型案例。

譬如，济南黄河战略生态港项目是由中信建设作为 PPP 联合体牵头方、投资近百亿的山东省第二批黄河流域生态保护和高质量发展重点项目。项目共包含 13 个建设子项，其中数字新基建部分是重要组成内容。自 2020 年 4 月项目启动以来，中信网络山东分公司深度参与，积极贡献力量，通过发挥自己的网络、数字化核心能力，以及在当地的多方协调能力，为中信建设成功中标起到了突出作用，并赢得了后期与中信建设全面深入合作的机会。

借助济南黄河战略生态港项目的合作，中信建设与中信网络深化协同合作共识，进一步创新探索出"借船出海"的业务模式。在这种协同合作的模式下，中信网络借中信建设之船，与其共赴市场之海，二者又在中信建设的资阳临空经济区项目及南京芯片之城项目上协同合作，探讨中信网络在项目实施过程中可发挥的作用和商机。"借船出海"的业务模式也在集团内部得以推广。

双向合作模式同样是中信网络针对集团战略合作伙伴在

实践中探索出的一种创新协同模式。华为公司作为国内通信设备主流制造商，自 2010 年起便一直担任中信网络骨干网传输的设备供应商。随着双方之间的合作不断深化，中信网络的经营理念与产品服务也逐渐得到了华为的认可，因此，2021 年华为云搭建其传输骨干网时，毫不犹豫地选择了中信网络的大带宽传输服务。

2023 年 6 月，互相认可的中信网络与华为公司签署《商业联合创新中心合作协议》，双方共建联合创新实验室，在新一代高速骨干网、云计算、大数据、信息与通信技术、智慧运维等领域开展全方位、多层次战略合作。在双向合作模式下，中信网络与华为公司互为供应商，相互创造服务价值，在产业链条相互赋能，是合作共赢的典范。中信网络也正在将这些成功案例复制推广给集团的战略客户，建设中信集团的朋友圈、生态圈。

惟创新者进，惟创新者强。哪怕是小小的业务，也需要公司以创新为驱动力量，促进传统业务转型升级，拓展创新业务发展空间，并进行以经验总结为基底的业务模式创新，为公司可持续发展赋能，在创造出更多利润增长点的同时，助力公司高质量发展。

以业务创新引领动力变革

　　业务是一家企业的生命线，业务之于企业，好比水之于人。从成立伊始，中信集团就把业务的发展放在了生命根基的地位，基于发展形势与国内外市场环境，顺势而为，不断进行业务转型与升级，前瞻性预判未来发展潮流与趋势，开拓创新，充分挖掘自身资源优势，确保自身业务走在同业前列。也正是这样，中信集团才打造出了独具中信特色的业务格局，赢得了更为广阔的发展空间，为集团的基业长青提供了源源不断的动力。

　　2023 年 8 月 16 至 21 日，世界机器人大会隆重举办，来自世界各个产业领域的 600 多款机器人产品，让在场大众近距离体验到了科技前沿创新成果的魅力。其中，中信重工开诚智能装备有限公司 [1]（以下简称"开诚智能"）展出的特种机

1　中信重工开诚智能装备有限公司前身为唐山开诚电控设备集团有限公司，2015 年 12 月与中信重工完成并购，成为中信重工的控股子公司。主营业务为特种机器人系列、传动产品系列、自动化产品系列、传感器产品系列。

器人产品[1]，纷纷亮出自己的拿手绝技，迅速引起大众和媒体的关注，成为现场的"流量明星"。而这些成果的取得，还要从中信重工切入特种机器人产业领域说起。

让我们把时间的指针往回拨。"十三五"时期，国家大力推进供给侧结构性改革。在此背景下，中信重工所服务的下游产业普遍面临产能过剩、投资需求不足的窘境，如何在重型机械行业市场严重下滑的境况下，闯出新的发展天地，成为中信重工亟须解决的问题。经过良久思考，靠着前瞻性判断，中信重工决定在发挥矿山及重大装备板块"稳定器""压舱石"作用的同时，坚持"不把鸡蛋放在一个篮子里"的原则，加快新的产业动能培育，开辟新的产业发展领域。

于是，2015年中信重工通过资本市场借力，以投资并购方式，快速切入特种机器人产业领域，高起点跻身该领域第一梯队。与此同时，2015年"8·12"天津爆炸事故发生后，眼看着许多消防人员献出了宝贵生命，中信重工还迅速将研究方向切换到消防机器人产业领域，旨在用科技来守护生命。2016年，中信重工研制出首款防爆型消防灭火机器人，填补了我国消防机器人产业领域的空白。

从某种程度上讲，中信重工切入特种机器人产业领域有两方面突破：一方面，培育出新的经济增长点——在当时中信重工传统业务不景气的情况下，特种机器人产业成了中信重工重要的经济效益来源，支撑着中信重工走过困难的发展期。

1　当时的特种机器人产品可用于矿用消防、巡检灭火、侦察，以及电力执行、新型破拆等，这是科技守护生命的具体表现。

另一方面，中信重工还抓住了国家推动"煤炭智能化转型"的机遇，借着中信集团与山西省政府签署全面战略合作框架协议的东风，根据市场实际需求，利用自身技术、产品优势，积极向更多产业领域拓展，这些领域包括煤矿、石化、隧道交通、文物建筑等。而在向更多产业领域进军的过程中，中信重工创造性地以朔州基地为建设样板，打造出"双落地2.0"新模式[1]，可整体概括为"三核、两极和三拓展"[2]。

"双落地2.0"新模式的诞生具有重大意义。对中信重工的朔州基地而言，做到了"当时有订单，日后有发展；执行有保障，风控贯始终"。其开发出的"共管账户"风控管理新模式，既发挥了双方的优势和积极性，又保证了双方权益的清晰和资金的安全。其灵活运用中信集团业务协同优势，例如积极与中信建设、中信城开等开展协同，既通过兄弟公司在当地的影响力落地各种产业，又通过自身产业在当地的落地促进了兄弟公司的发展，还能借助对当地政府和产业结构的深度开发，更精准地实现多方合作共赢。对中信集团而言，这种新模式为其他子公司提供了很好的经验参考，为集团降本增效添砖加瓦、贡献重工力量。

1　"双落地2.0"新模式是由"产业+市场"双落地模式演变而来的。"产业+市场"双落地模式存在实现首批次采购订单后发展后劲不足的问题，不利于基地后续的可持续发展，并且仅靠基地自身单打独斗，缺乏在产业发展全局下对未来远景的准确判断，财务资金由基地自主控制，未能实现总部的统一管理。经过三年多的经验教训总结，结合政治经济形势，开诚智能以朔州基地为建设样板，更新迭代出"双落地2.0"新模式。

2　三核，即以中信集团发展战略为指导核心，以中信重工发展要求为目标核心，以开诚智能发展方向为技术核心。两极，即在原有落地原则的基础上，从财务管理和二次销售两方面做突破式创新。三拓展，即从落地方向、协同合作、领域发展三方面走可持续发展道路。

今时今日，中信重工的特种机器人已涉及消防救援、石油石化、燃气化工等多个领域，为和谐中国、美好生活做出诸多贡献，真正承担起了"大国重器"的重任。

2017年1月，国家能源局发布《能源发展"十三五"规划》及《可再生能源发展"十三五"规划》，指出要积极稳妥开展海上风电建设。[1] 海上风电作为可再生能源，对改善我国能源结构，助力环境保护，走绿色可持续发展道路具有重要意义。其必然成为我国新兴产业之一。

2020年9月22日，习近平主席在第七十五届联合国大会一般性辩论上向国际社会做出"2030年前实现碳达峰、2060年前实现碳中和"的郑重承诺。绿色可持续发展显然已成为世界发展的潮流与趋势。

中信重工再次抢抓机遇，把自身产业发展与国家产业政策有机结合起来，适时切入新的细分市场，开拓海上风电等节能环保产业，助力国家"双碳"目标实现。

2020年3月，中信重工海上风电装备产业基地项目在集团业务协同平台的支持下，落地福建省漳州市经济技术开发区，同时中信重工装备制造（漳州）有限公司（以下简称"漳州公司"）[2] 成立。同年10月20日，中信重工装备制造（漳州）有限公司正式投产暨国家电投徐闻海上风电单桩下线仪式在

1　中华人民共和国国务院新闻办公室.能源局发布能源发展和可再生能源发展"十三五"规划［EB/OL］.［2017-01-05］.http://www.scio.gov.cn/xwfb/bwxwfb/gbwfbh/nyj/202207/t20220715_198101.html.

2　漳州公司将海上风电装备作为主要业务拓展方向，致力于向客户提供风电类塔筒、钢管桩、导管架、漂浮吸力桩等关键基础件，以及实现液压打桩锤、嵌岩桩钻机等重大装备的国产化。

漳州开发区成功举行，这标志着中信重工海上风电装备产业基地项目实现了当年签约、当年落地、当年投产、当年交付客户。漳州公司从启动到投产，再到完成国家电投徐闻海上风电项目首根单桩，仅用了 9 个月时间。中信重工用过硬的实力，跑出了"漳州速度"，形成了"战略合作＋生产基地＋市场布局"的"漳州模式"。可以说，这是中信重工进军海上风电装备市场的重要节点，也是中信重工从重资产线性增长向轻资产、轻结构增长转变的有益探索。

当然，最为重要的是，就此开始，中信重工从离散型制造向连续化生产转变，并逐渐由提供组件向全链条拓展业务。如今，海上风电产业不仅成了中信重工新的增长极，还推动我国风电装备制造能力迈上了新台阶。比如，2023 年 2 月，中信重工承制的明阳阳江青洲四（标段Ⅰ）11MW（兆瓦）海上风电场项目首批大型导管架成功下线，助力我国国内首批海上风电平价示范项目跑出了"加速度"。[1]

见一叶而知秋。实际上，从中信重工的产业发展布局中，我们可以看到中信集团在未来产业赛道的选择思路。那就是发挥自身资源禀赋优势，践行国家发展战略，加速拓展先进产业和新兴行业。在推动经营业绩增效的同时，努力服务国家战略，突破"卡脖子"关键技术，为相关领域的弯道超车、创新开拓贡献中信智慧与中信力量。

---

1 澎湃新闻.中信重工：为国内"海上风电之最"提供支撑［EB/OL］.［2023-02-17］. https://m.thepaper.cn/baijiahao_21983362.

以理念创新引领绿色变革

自 2015 年以来，全球对低碳绿色发展空前关注，很多国家都把"双碳"工作放到了战略高度。中国作为有担当的大国，积极擘画绿色可持续发展蓝图，推动社会经济走绿色低碳之路，力争为世界绿色低碳转型提供中国方案。

2016 年，中国作为全球 178 个缔约方之一，庄严签署了《巴黎协定》，并郑重承诺履行其中的条款。2020 年，中国提出"2030 年前实现碳达峰，2060 年前实现碳中和"目标。这个宏伟目标一经提出，便引起热烈反响，绿色金融改革创新试验区、碳排放交易所、碳中和挂钩债券等重要举措纷纷加速跟进。2021 年是中国的"双碳"元年，7 月，中国碳排放权交易市场正式启动，同年 10 月，《中共中央　国务院关于完整准确全面贯彻新发展理念做好碳达峰碳中和工作的意见》《2030 年前碳达峰行动方案》印发，明确指出实现碳达峰、碳中和是统筹国内国际两个大局的战略决策，是着力解决资源环境问题、实现中华民族永续发展的必然选择，是构建人类命运共同体的庄严承诺，[1] 并对"双碳"行动做出具体部署。

由此，中国各行各业掀起绿色发展时代浪潮，助推中国"双碳"目标实现。中信集团积极融入时代洪流，以汗水和智慧在中国绿色画卷上留下浓墨重彩的一笔。

描绘碳中和路线图

作为在中国社会经济发展中占重要地位的国有企业的一员，中信集团始终牢记"国之大者"，把国家利益放在首位，努力完成国家和时代赋予的发展使命，探索多元化企业集团的"双碳"之路。

2021年5月，中信集团召开"碳达峰、碳中和之路"研讨会，深入研判国内外碳达峰、碳中和的发展态势、转型进程和变革路线，全面、完整、准确把握"创新、协调、绿色、开放、共享"的新发展理念，直面"双碳"带来的机遇与挑战，探索多元化企业集团的"双碳"之路，正式对外发布"两增一减"[2] 低碳发展战略。

---

1 中华人民共和国中央人民政府.中共中央 国务院关于完整准确全面贯彻新发展理念做好碳达峰碳中和工作的意见［EB/OL］.［2021-10-24］.https://www.gov.cn/zhengce/2021/10/24/content_5644613.htm.

2 "两增"体现为：中信集团的绿色金融要为产业低碳化转型提供融资解决方案，要持续提升绿色金融业务的规模与占比，加速绿色金融商业模式创新，深化转型金融的发展。中信下属实业的发展要以放大产业链和生态圈的低碳效应为己任。其中，先进智造板块要成为绿色低碳技术的开拓者，助力绿色低碳技术弯道超车；新材料板块要成为绿色低碳产业链的保障者，确保绿色低碳转型过程中关键资源的供应安全；新消费板块要成为绿色低碳消费趋势的推动者，弘扬绿色低碳的新消费理念；新型城镇化板块要成为绿色低碳城市的营建者，为生产和生活方式的降碳脱碳赋能。"一减"体现为：集团存量中高碳业务、高环境影响投资要积极推进低碳转型，新业务布局要以低碳减排、低环境影响为原则。

同年9月，中信集团参考国家制定的企业温室气体排放标准，率先对旗下各家子公司进行碳排放核查。结果显示，"十三五"期间，中信集团持续优化资源配置，加大绿色金融投入，并积极推动实业子公司通过加强技术改造、创新生产工艺等方式控制碳排放，在碳排放快速增长后实现了稳中有降态势。截至2020年底，中信集团碳排放量超4 300万吨，比2016年增长16%，低于产值增速47%。[1]中信集团"十三五"期间碳排放如图2-1。

图2-1 中信集团"十三五"期间碳排放[2]

通过对集团各家子公司进行"碳家底"摸排，中信集团一是探索编制了"双碳"损益表，将其作为可持续发展的管理工具，确保"双碳"战略规划可回溯、可监测、可评价；二是建立了集团碳排放清单，不仅方便碳排放任务下达，还可

1 中信集团.中信集团碳达峰碳中和行动白皮书［R］.北京：中信集团，2022.
2 图片来自《中信集团碳达峰碳中和行动白皮书》。

有针对性地开展碳减排行动，为科学规划碳中和路径提供基础支撑。三是对集团"十四五"期间的碳排放进行了预测，预计"十四五"期间，中信集团碳排放年平均增速与"十三五"期间接近，约为 4%；[1] 年均减排将达 50 万吨以上，到 2025 年，中信集团单位产值碳排放强度预计比 2020 年下降 18%。[2] 中信集团"十四五"期间碳排放预测如图 2-2。

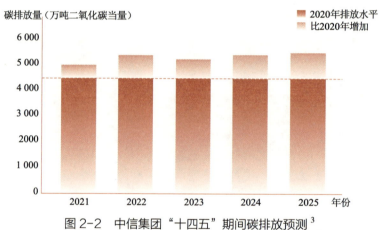

图 2-2　中信集团"十四五"期间碳排放预测[3]

2022 年 4 月，中信集团发布《中信集团碳达峰碳中和行动白皮书》，明确提出"双碳"行动目标：到 2030 年，中信集团全面绿色低碳转型取得显著成效，集团碳排放整体达到峰值并实现稳中有降，有条件的子公司力争碳排放率先达峰；

1　中信集团 . 中信集团碳达峰碳中和行动白皮书［R］. 北京：中信集团，2022.

2　新华财经 . 中信集团发布"双碳"行动白皮书 全面实施碳中和行动计划［EB/OL］.
　　［2022-04-14］. https://baijiahao.baidu.com/s?id=1730048514949722592&wfr=spider&for=pc.

3　图片来自《中信集团碳达峰碳中和行动白皮书》。

到 2060 年，中信集团全面融入绿色低碳循环发展的产业体系和清洁低碳安全高效的能源体系，能源利用效率达到世界一流企业先进水平，为国家顺利实现碳中和目标做出积极贡献。[1]该白皮书的发布，进一步就中信集团实现"双碳"目标做出了具体的行动路线规划，是其践行绿色低碳发展战略的又一重要举措。图 2-3 为中信集团碳中和路线示意图。

2022 年 12 月，在中国工业经济联合会组织的首届中国工业碳达峰"领跑者"企业评选中，中信集团凭借在绿色低碳转型、科技创新方面的卓越实践与突出贡献，入选首届中国工业碳达峰"领跑者"企业名单。

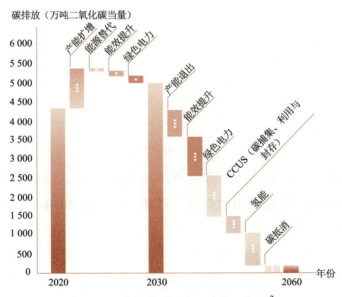

图 2-3　中信集团碳中和路线示意图[2]

1　中信集团.中信集团碳达峰碳中和行动白皮书［R］.北京：中信集团，2022.

2　图片来自《中信集团碳达峰碳中和行动白皮书》。

2023 年 5 月，中信集团印发《中信集团关于助力"双碳"目标、发展绿色产业的指导意见》，就绿色低碳发展基本原则、规划引领、项目布局、保障与鼓励措施等做出明确规定，为集团描绘碳中和路线图指明了方向。

中信集团深入研判国内外碳达峰、碳中和的发展态势、转型进程和变革路线。全面、完整、准确把握"创新、协调、绿色、开放、共享"的新发展理念，直面"双碳"带来的机遇与挑战，积极推进绿色低碳转型，真真正正通过节能减排实现降本增效，不仅向世界展示了中信集团的高度责任感和使命担当，更影响着其他企业加入"双碳"行动，实现更高质量发展，共同推动美丽中国建设。

降碳脱碳行动

《中信集团碳达峰碳中和行动白皮书》明确指出，中信集团碳排放集中在实业类子公司，这些公司的碳排放占集团总排放比例超过 99%。[1] 中信集团实业类子公司的碳排放主要来自化石燃料燃烧、工业生产及企业运转电力、热力等的使用。因此，中信集团要实现"双碳"目标，必须把实业领域的节能减排作为重中之重。在贯彻"绿水青山就是金山银山"理念的同时，着力从电力供应、钢铁生产、建筑运营和数据中心四大领域出发，通过能源替代、能效提升、绿色电力的方式，减少生产运营中的碳排放。

---

1 中信集团 . 中信集团碳达峰碳中和行动白皮书［R］. 北京：中信集团，2022.

在电力供应领域，中信集团注重提供零碳电力。一是实施煤电节能改造：通过对锅炉出口、汽轮机、给水系统等进行升级，如提高主蒸汽与再热蒸汽参数、烟气余热利用、汽轮机通流改造等方式，改造软硬件设施；通过将亚临界机组效率和煤耗提升到超临界机组水平，改善低负荷调节灵活性，提高其消纳风电、光伏发电量的能力，实现机组等容量替代；通过煤与生物质耦合混烧发电实现燃料替代。如此，中信集团既达到了节能降耗目的，又增强了集团绿色低碳转型的内生动力。二是逐渐淘汰落后产能，通过光伏发电、风力发电、太阳能发电等，提高新能源装机占比，推动清洁无污染能源利用。三是通过技术突破与应用，发展储能项目平滑发电波动，减少弃风弃光现象，保障新能源发展。而在这一领域，中信泰富能源的降碳路径尤为典型。

为促进发电企业节能降耗，推动集团走低碳发展之路，中信泰富能源针对电力领域，自主研发智慧电厂运行系统，根据现场设备管理和生产运行管理标准，对设备的安全性、经济性、可靠性、参数动态、系统性故障等进行评价诊断，把事后处理变成事先预测，在提升设备运行效率的同时，降低了设备运行成本。通过制定《生产指标管理办法》等，充分挖掘机组节能潜力，提高锅炉、汽轮机及大型辅机运行效率，优化完善各热力系统运行方式，从而不断改善生产指标，提升经营收入，响应消纳新能源，降低弃风弃光率，并筹备 $2 \times 1000MW$（兆瓦）超超临界机组深度调峰工作。

在钢铁生产领域，中信集团以生产流程源头降碳为主、以末端治理（carbon capture, utilization and storage, CCUS, 即碳捕集、利用与封存）及碳汇补充为辅。中信泰富特钢响应降碳脱碳行动，设置三大减排降碳路径：一是升级工艺技术 / 流程，如采用烟气余热二次利用及废钢预热等方法补偿热量，提高废钢添加比，降低铁钢比，减少铁前工艺能耗和碳排放，将废钢直接投入电炉融化炼钢，增加电炉钢的比例，从而降低炼钢过程中的碳排放，通过高炉富氢工艺，实现部分碳还原，减少碳排放。二是通过区块链、大数据、云技术等现代信息技术应用，优化改造配套设施节能水平，同时建设光伏电站、风力发电设施设备等，以布局清洁可再生能源领域。三是研究新型 CCUS 技术，实现创新突破，为在更长产业链条上收集利用二氧化碳提供技术支撑。

在建筑运营领域，中信集团主要从建筑改造、运营升级和技术融合三方面实现节能减排。首先，实施建筑改造，如：通过利用自然采光、优化建筑围栏结构、高效回收利用冷（热）量等举措，提升建筑性能；采用 LED 灯、三管制中央空调、变频水泵等，提升硬件设施绿色水平；因地制宜推动传统 BAPV（building attached photovoltaic，后置式光伏发电屋面系统）与先进 BIPV（building integrated photovoltaic，光伏建筑一体化）分布式光伏建设，为建筑提供绿色电力。其次，强化建筑运营升级，如安装通信自动化系统、办公自动化系统及楼宇自动化系统等，提升建筑运营能效。同时对建筑楼宇里的机器启停管理、温度湿度调整管理和应急管理等实行实时监控，尽量减轻建筑能耗。最后，通过人工智能、物联网和 5G 等新技术的应用，实现建筑空间数据模型建设，搭建新型智慧楼宇运营管理平台，从而准确掌握建筑空间能耗，及时发现盲区、弱项，达到以技术降能耗的目的。

在实现节能降耗、加强建筑绿色运营方面，中信大厦做得非常出色。从建设之初，中信大厦就把打造国际绿色建筑标杆作为目标。为提高能源利用效率，中信大厦采用先进的 Z.BEMS 系统（building energy management system，建筑物能源管理系统），定制开发 9 大能耗评估体系及 40 个评估流程，借助 1.5 万张可视化图表，每年可节约运行费用约 260 万元；应用隔热技术，采用高效保温材料和隔热窗户，有效减少大厦热量损失，提高室内能源利用效率。大厦塔楼屋顶设置有太阳能光伏发电系统，共铺设 640 块 CIGS［CuInxGa（1-x）Se2，太阳能薄膜电池］光伏组件，面积达 890 平方米，总容量 92.8 千瓦，有效减轻大厦对传统能源的依赖，加强对绿色清洁能源的使用。同时给 100 部垂直电梯配备能量反馈系统，将部分电梯总耗能回收供其他设备使用，降低电梯系统 30% 能耗。通过多项绿色节能措施，中信大厦全年节约电量相当于间接降低碳排放超 4 000 吨。[1]

此外，中信大厦还在持续完善中，在水资源利用方面，采用雨水收集系统，收集水资源用于灌溉植物和冲洗公共区域，安装节水型厕所和水龙头，并采取多项节水技术，减少对水资源的利用。针对大厦环境，引入新风系统，采用空气净化设备，以改善室内空气质量，保证室内空气清新自然，为入驻人员创造良好环境。

---

1 中信集团．中信和业打造绿色建筑 践行"双碳"战略［EB/OL］．［2022-04-29］.https://www.group.citic/html/2022/News_0429/2526.html.

而在垃圾处理方面，中信大厦要求实行垃圾分类，坚持回收利用，并不断优化废弃物分拣中心设备与标准化运营模式。同时还与其他企业合作，推动实施零废弃楼宇办公实践，取得了令人瞩目的成绩，如与北京抱朴再生环保科技有限公司合作，从 2020 年 8 月至 2023 年 5 月，回收塑料约 29 吨、废纸 205.7 吨、废金属 2 吨，经第三方专业测算机构核算，共减少碳排放约 143 吨。[1] 这不仅给行业提供了借鉴样本，还助力了中信集团可持续发展，彰显出中信集团作为国有企业积极践行绿色低碳发展理念、承担社会责任的风范。

2021 年，中信大厦通过中国绿色建筑评价最高标准三星级运行标识认证，是国内为数不多获此认证的超高层建筑之一。[2] 此外，中信大厦还荣获多项国际大奖，如建筑管理 COE（certificate of excellence，卓越认证）、WELL 健康建筑认证、LEED Core and Shell（新建建筑：核心与外壳）金级等。

在数据中心领域，减排路径主要聚焦在提升 IT、电源、制冷等设备的运营效率上。身处数字经济时代，数据中心是核心，也是能耗大户。因而，中信集团通过采用新型节能设备，应用区块链、大数据及云技术等实现资源共享，降低能耗，节约资源；通过与可再生能源发电厂合作、参与绿色电力交易、安装光伏发电设备等加强对绿色电力的应用；通过电源设备及各个系统的技术升级，有效降低

---

1 中国发展网 . 中信大厦探索零废弃楼宇办公实践［EB/OL］.［2023–08–19］.https://baijiahao.baidu.com/s?id=1774623818459914448&wfr=spider&for=pc.

2 中信集团 . 中信和业打造绿色建筑 践行"双碳"战略［EB/OL］.［2022–04–29］.https://www.group.citic/html/2022/News_0429/2526.html.

设备能耗。

中信集团从上述四大领域寻找降碳减排的突破口，并对剩余碳排放引入抵消计划，中和无法减排的碳排放，最终实现集团净零碳排放，通过节能减排与降本增效的妥善结合，实现了低碳环保与经济效益的双赢。

事实上，在降碳脱碳、实现碳中和的路上，中信集团及各子公司都采取了积极行动。中信环境建设和运营的潮南纺织印染环保综合处理中心，以"循环经济"理念为核心，以环境治理为立足点，以市场化运作为手段，形成纺织印染、集中供水、污水处理、中水回用、热电联产、固废处理"六位一体"的循环产业园，成为我国工业园区环境治理与产业发展和谐统一的标杆，给未来工业园区建设提供了参考方向。

中信戴卡作为生产制造领域的先行者，通过寻找替代的清洁能源、生产轻量化零部件、研发使用新材料等举措，实现绿色制造，助力低碳交通。比如，通过汽车轻量化，可明显促进降碳减排。实验证明，汽车整车质量降低 10%，燃油效率可提高 6% ~ 8%；汽车整备质量每减少 100 千克，百公里油耗可降低 0.3 ~ 0.6 升。[1] 此外，中信戴卡还将自身先进的余热回收利用技术、碳捕捉技术及碳排放评估模型等推广给其他制造企业，在帮助企业降低碳排放成本的同时，助力中国"双碳"目标实现。

---

1 四川新闻网."中信方案"助力低碳交通和绿色制造［EB/OL］.［2021-06-02］.http://finance.newssc.org/system/20210602/003145637.html.

中信金属积极将铌应用到钢铁领域。因铌是一种重要金属元素，将其加入钢材中，一方面可以显著提高钢材的强度和韧性，方便钢材塑形，另一方面可以实现直接在线轧制生产，从而简化生产流程，既减少资源使用，又提高生产效率。此外，铌还具有良好的耐腐蚀性能，因而含铌钢材的使用寿命更长，可达到降低钢材消耗的目的。中信金属重视铌的战略价值，积极通过铌元素改善钢材结构，使钢材轻量化，减少钢材使用，从而降低能源消耗，减少碳排放，助力钢铁行业实现碳达峰、碳中和目标。

中信重工发扬自主创新精神，在水泥生产线首创具备国际领先水平的纯低温余热发电双压技术，研制出余能循环利用发电成套装备，为推动高耗能行业技术进步做出积极贡献。以 5 000 吨／天产能水泥线配套的 9MW（兆瓦）余热发电机组为例，该发电机组年发电量超 6 000 万千瓦时，足以满足水泥窑三分之一的用电需求，相当于每年节约标煤超 2 万吨，减少二氧化碳排放约 6 万吨，减少二氧化硫排放约 700 吨。[1]同时，中信重工还不断拓展余热发电技术应用领域，将余热发电技术应用到干熄焦、玻璃、化工、生物质利用、垃圾发电等新领域。

中信集团的降碳脱碳行动，不仅会重构产业格局，还会改变人们的生活方式，并为中国实现碳达峰、碳中和贡献智慧和力量。

---

1 中信集团 . 绿色金融 + 低碳技术 中信多领域助力 "碳中和" ［EB/OL］.［2021–03–26］. https://www.group.citic/html/2021/News_0326/2352.html.

引领绿色金融

在综合金融服务板块，中信集团提出要利用金融全牌照优势，力争成为绿色金融引领者，助力实体产业绿色低碳转型。

中信银行统筹规划全行绿色金融业务管理，制定绿色金融业务发展战略和目标，以指导绿色金融工作实施。具体来说，深入新能源汽车、新能源、碳交易等绿色低碳领域及煤炭、钢铁、水泥、火电等减碳压力较大的领域，开展绿色金融领域研究。如联合专业调研机构发布国内首份银行机构面向消费者的低碳生活行为研究报告——《2022 低碳生活绿皮书》，深入剖析消费者对低碳生活的价值观、认知度、行动力及期待值等，为业内低碳绿色发展提供参考和指导。

中信银行制定绿色金融授信政策，积极支持符合绿色发展趋势的产业，提高绿色业务占比。2022 年年报显示，截至 2022 年末，中信银行绿色信贷余额为约 3 341 亿元，较上年末增长 66.97%，贷款增速超过其他各项贷款增速。

中信银行响应国家重大政策战略部署，积极进行绿色业务创新，并凭借强大的产品设计研发能力，持续关注碳中和等生态环境主题金融产品，不仅发行国内首只挂钩碳中和利率债结构性存款产品，还率先上线个人碳减排账户——"中信碳账户"，更在绿色理财产品方面取得突破，大力支持绿色金融发展。2022 年年报显示，截至 2022 年末，中信银行承销绿色债券约 55 亿元，投资绿色债券约 107 亿元，累计发行碳中和结构性存款产品 11 只，总额超 11 亿元，绿色主题理财产品存续 12 只，规模约为 30 亿元。

中信银行还积极发展绿色租赁业务，譬如，发展光伏租赁业务，既帮助农户减少投入成本，又使清洁能源转化为实际收益，为乡村振兴做出贡献。中信银行全资子公司中信金租利用自身专业优势，聚焦"新能源、新材料、新环境"三大领域，加快发展户用分布式光伏业务，推动绿色船舶和智能化船舶发展。2022 年年报显示，截至 2022 年末，中信银行绿色环保领域租赁余额占比近六成，绿色租赁余额达 275 亿元。

中信证券在金融领域积极践行新发展理念，力争发挥公司在推动经济可持续发展及国家经济转型中的引导作用。同时，将 ESG（environmental, social and governance，环境、社会和公司治理）理念融入公司业务发展，注重绿色金融实践推广，以实现绿色低碳效益。积极落实国家"双碳"战略部署，就绿色低碳环保相关行业进行深入研究和观察，深度挖掘布局"双碳"政策引导下的产业价值，参与可持续金融创新，并以资金配置引导产业结构、能源结构向绿色低碳转型。2022 年，中信证券共承销绿色债券（含碳中和债、蓝色债）129 只，融资规模 2 737 亿元，承销规模 651 亿元，排行同业第一；发行境外 ESG 债券 45 单，融资规模约 174 亿美元，承销规模约 11 亿美元，中资同业排名第二；承销首单商业银行"碳中和"绿色金融债、首单绿色科技创新可交换公司债、最大规模碳中和 CMBS、首单绿色科技创新债、首单数字经济科技创新可续期公司债、可持续发展挂钩公司债。

中信证券积极支持境内外绿色产业股权融资，独家保荐中国科学院环保产业平台中科环保登陆创业板；独家保荐丛麟科技成功上市，成为科创板危废处理行业第一股；服务明阳智能发行伦交所 GDR（global depository receipts，全球存托凭证）、格林美发行瑞交所 GDR。

相关债券广泛投向"低碳交通运输体系建设""清洁能源装备制造""长江流域生态系统保护和修复""基础设施绿色升级""支持国家储备林、高标准农田建设"等国家"双碳"战略重点聚焦的领域。2022 年，中信证券参与 ESG 利率产品承销，共承销绿色政策性银行金融债券 11 只，发行总量为717 亿元，合计承销约 60 亿元，在多期债券中承销表现名列前茅。

中信证券支持碳交易市场建设，一是积极组建碳排放权投资及交易专业团队。先后完成国内同业首笔碳排放权交易，落地全国首笔碳排放配额回购交易、首笔碳排放权场外掉期交易，并在国家批准设立的各区域碳市场实现常态化交易，助力碳市场价格发现功能的实现和完善，持续积极参与全国碳资产现货与期货市场建设。二是通过持续的投资交易和做市服务、衍生品工具创设服务，中信证券与钢铁、石化、建材、化工、林业及新能源等领域的企业广泛合作，协助多地政府部门推进气候投融资试点及碳汇能力提升工作，碳汇合作储备规模行业领先。三是关注碳市场金融创新模式与业务方案开发，首创碳减排量投资及交易、借碳增值交易等产品服务，助力实体企业降低履约成本及碳资产盘活，获得市场广泛认可。四是积极参与碳市场的行业交流，推动行业合作及标准制定，参与多项核心制度设计。由此，中信证券的创新能力和制度建议获得多个相关主管部门认可，受邀加入银行间市场交易商协会碳排放权交易标准文本工作组和碳衍生品工作组，参与碳衍生品市场建设。

当然，其他金融子公司也就绿色金融发展采取了积极举措。如中信建投证券积极在碳金融创新方面布局；华夏基金在国内公募基金公司中，首先提出"碳中和"具体目标和实施路径；中信信托持续创新绿色信托产品与服务，努力实现自身与利益相关方的互利共赢。

一直以来，中信集团大力鼓励下属金融子公司协同其他板块下属子公司研究开展碳交易、环境权益抵质押、碳期货、碳基金、碳配额托管等业务，全方位保障绿色金融可持续发展；鼓励金融子公司在合法合规的前提下研究，为系统内公司清洁能源开发、低碳转型等符合"双碳"战略的业务提供信贷支持及资产证券化等金融工具，为绿色低碳发展提供动力；鼓励金融子公司充分利用金融全牌照优势、渠道优势和专业优势，为相关公司对接新能源业务和集团内部新能源领域的产业整合提供相应的咨询服务。

未来，中信集团将在绿色金融领域持续提升绿色金融业务占比与规模，积极创新绿色金融商业模式，促进金融绿色转型，并积极加入碳交易、碳金融市场，布局新业务蓝海。同时，以中信金控为载体，强化内部绿色金融业务协同与风险管理，并积极参与推动绿色金融评价体系建设、行业标准完善，促进国内、国际标准融合，在增强集团绿色金融力量的同时，与实业板块形成协同效应，实现集团高质量发展。

锻造"双碳"能力

实现碳中和，离不开"双碳"能力建设。在实现碳中和的征程中，中信集团以极致的智慧、高超的管理、果决的行动，锻造自身在"双碳"行动中的能力。

一方面，为加强对碳资产的管理，中信集团建设碳管理信息化系统，旨在通过建立综合化的碳信息管理体系，整合碳排放数据、碳信用资产、碳交易和减排项目等相关信息，支持碳管理分析决策，助力集团减排行动。另外，中信集团还建立"双碳"信息披露制度，在定期向外界披露"双碳"执行情况的同时，督促各子公司强化 ESG 信息披露机制，聚合整体力量促进集团转型升级，降低成本。

另一方面，以人为中心，强化人在"双碳"行动中的主导作用。中信集团深知实现碳中和目标需要全员参与，因而积极将"双碳"理念融入日常经营管理活动中，鼓励全集团员工从我做起、从点滴做起，在按集团环保标准办事的同时，发挥主观能动性，如钻研新工艺、研发新产品、推出新技术等，推动节能减排、降本增效。

当然，加强对集团员工的培养也是必不可少的。为此，中信集团通过积极组织员工进行"双碳"知识培训，遴选碳中和实践优秀案例，与其他企业、政府、行业协会、国际机构等开展合作交流，建立碳中和宣传教育基地等方式，引导集团员工主动关注国家相关政策，提升他们对"双碳"理论和实践的认识，主动践行绿色生活、绿色工作理念，保证集团"双碳"行动的内生活力。

此外，中信集团还通过引进"双碳"领域专业人才，如碳市场分析师、碳减排工程师、可再生能源专家、碳管理顾问、环境保护专家，强化"双碳"人才储备等办法，打造中信"双碳"人才库。意在发挥他们的相关专业能力，为中信集团"双碳"目标实现、为中国环境保护与可持续发展添砖加瓦。

通过"双碳"能力建设，中信集团的碳管理水平得以不断提升，全员"双碳"目标意识增强，并积极在生产经营和日常办公中内化为降碳减排的实际行动。

"十四五"时期是中信集团推动绿色低碳转型的关键期。中信集团将尽职尽责践行国企担当，融入国家"双碳"大局，推动零碳排放，达到经济效益与社会效益、环境效益的有机统一。

践行 ESG 责任实践

ESG，是一种投资理念和企业评价标准，关注的是企业环境、社会和公司治理三者的统一，而非单纯的财务绩效。ESG投资理念最早起源于 20 世纪 60 年代的欧洲，当时被称为社会责任投资（social responsibility investment）。2004 年，联合国环境规划署首次提出 ESG 投资概念。2006 年，高盛集团发布 ESG 研究报告，正式形成 ESG 概念。之后，ESG 概念逐渐为全球企业所接受，成为企业落实社会责任，做到经济效益与社会效益有机统一的评判标准。

2022 年 5 月，国务院国资委印发《提高央企控股上市公司质量工作方案》，要求中央企业集团公司探索建立健全 ESG 体系，提出企业进一步完善环境、社会责任和公司治理工作机制，提升 ESG 绩效等细则。[1] 同年 11 月，《企业 ESG 评价体系》团体标准、《企业 ESG 报告编制指南》团体标准正式发布，这意味着我国在 ESG 理念方面的规章制度越发健全。

越来越多的投资者和企业开始重视 ESG 理念，并将其作为投资和经营决策的重要考虑因素。通过 ESG 理念的应用，能评估一家公司的长期表现和风险，评估企业的发展质量。因此，众多企业都强调担当社会责任、推动环境保护和进行良好的公司治理。较好的 ESG 评级成为优秀企业的新标志，由此而来的是，一套清晰、可量化的指标和评分体系被用来进行 ESG 信息披露。这成为重要证券交易所对企业的强制性要求。

在追求经济价值的同时，回应更多利益相关方关切的问题并创造社会价值已成为各方对企业的共同期待。无论是资本驱动还是市场变化，抑或是遵循社会经济发展规律，不管是基于发展初心，还是基于推进人类可持续发展这一宏大命题的利他主义，企业积极将 ESG 理念融入发展，既是必然选择，又是客观要求，更是融入时代洪流的必然趋势。

一直以来，中信集团坚持发展与履责同频共振，推动社会责任入脑入心入行，积极建立健全 ESG 管理体系，以"融

1　中华人民共和国中央人民政府 . 提高央企控股上市公司质量工作方案［EB/OL］.［2022-05-27］.https://www.gov.cn/xinwen/2022-05/27/content_5692621.htm.

入管理、促进发展，提升评级、打造典范"为目标，推动 ESG 理念与发展战略、经营管理和业务实践有机融合，力争成为国有企业助力"双碳"目标实现的一面旗帜，成为资本市场践行 ESG 责任的典范。

具体目标是，在环境（E）方面，实业子公司实现全流程低碳运行，金融子公司各项业务实现环境效益标准全覆盖。为此，中信集团通过科学启动"双碳"工作，制定实施"两增一减"低碳发展战略，让金融为产业低碳转型提供融资解决方案，实业以放大产业链和生态圈的低碳效应为己任，积极推动集团存量中高碳业务、高环境影响投资低碳转型，坚决遏制高耗能、高排放项目的投资，并积极进行全系统的碳排放核查，摸清"碳家底"，坚定绿色低碳发展道路。

相关实践包括：中信重工制定详细节水目标，实施蒸汽喷射泵改造，每年节水 203 292 立方米。中信泰富特钢大力推进钢铁企业超低排放改造工作，并提出在"十四五"期间，力争吨钢综合能耗达 535 千克标准煤／吨，主要生产工序能耗基本实现能效标准水平值。中信证券逐渐以清洁能源替代传统电力消耗，并提出 2030 年以后，中信证券的北京总部大厦将实现 100% 清洁能源使用；推广使用电子会议材料，逐渐实现无纸化办公。中信银行在办公用品采购中要求优先选择绿色供应商；各分行购置或租赁大楼时，优先选择环保节能建筑；由专业机构对垃圾进行分类处理，废弃电器电子类垃圾要交由具有相关环保资质的厂家进行回收处理。

同时，中信集团将绿色低碳发展作为新时代承担国有企业社会责任的着力点，带动产业链转型升级。例如，中信环境带动重庆三峰环境集团股份有限公司累计投资垃圾焚烧发电项目 54 个，设计处理能力为 59 550 吨 / 日，并且该技术及装备已应用到全球 8 个国家和中国澳门地区的 245 个垃圾焚烧项目、399 条焚烧线，日处理生活垃圾规模超 21 万吨。中信证券积极支持绿色产业相关项目，协助多家企业开展绿色融资项目，2021 年作为首批碳中和绿色债的主承销商，助力国家能源集团、深圳地产及天成租赁碳中和绿色债成功发行，发行规模合计达 70 亿元。中信建投证券为中国长江三峡集团有限公司、雅砻江流域水电开发有限公司、中国铁路投资集团有限公司等发行绿色公司债券，专项用于投资水电站建设、清洁能源等碳中和领域，推动绿色创新发展。

在社会（S）方面，中信集团致力于乡村振兴，勇担企业社会责任。中信银行发布乡村振兴特色服务方案，推出乡村振兴"1+5+N"综合金融服务体系。其中，1 是"1 个特色化发展战略"，即集合特色化模式，聚焦特色化领域，打造特色化产品，提升特色化服务能力；5 是"强农""兴农""富农""护农""慧农"五大乡村振兴行动；N 是 N 个场景化创新产品。依托中信集团"金融全牌照、实业全覆盖"的优势，中信银行凝聚"中信智慧"，协同中信证券、中信建投证券、中信保诚人寿、中信期货有限公司等集团金融子公司，以及中信农业科技股份有限公司（以下简称"中信农业"）、中信建设、中信咨询、中信环境等集团实业子公司，通过"银政、银担、银银、银企"等合作模式，为农村农业提供"金融＋科技""结算＋融资＋咨询"等一站式综合金融服务，全面提升乡村振兴服务质效。该服务方案的落地，助推描绘全新的乡村服务图景，升级贯穿"三农"产业链上下游的综合金融服务，打通乡村振兴最后一公里，依托绿水青山"蓝海"，扎实推动乡村振兴。

另外，中信集团还积极回馈社会。一是通过完善帮扶体系、配备优秀干部、加大资金投入，积极投身乡村振兴事业。二是多年如一日地支持捐资助学、文体卫生，帮助弱势群体，加强社会基础设施建设等，打造出独具中信特色的公益体系。三是中信志愿者在全国多个城市和地区，积极开展志愿服务，弘扬奉献、友爱、互助、进步志愿精神，通过关爱农民工子女、送金融知识进校园、增绿减霾、阳光助残等活动，引领社会志愿服务新风尚。

在公司治理（G）方面，实现环境效益与经济效益有机融合，成为绿色低碳经济的引领者。围绕 ESG 工作，中信集团董事会加强战略把控，听取相关工作情况和规划，审阅 ESG 报告，持续向经营层提出战略性的指导意见或建议。经营层则将 ESG 管理纳入集团发展战略，并推动战略落地；扎实开展履责实践，使 ESG 管理成为企业发展的强大动力。与此同时，中信集团还积极探索把气候环境风险、社会责任风险等纳入全面风险管理体系，保证将风险遏制在摇篮里。

中信证券在业务开展中重点关注企业在生产经营过程中给外部环境带来的影响，积极辨别、评估业务带来的环境效益与经济效益，并将环境效益放在首位。比如：在投资银行业务方面，关注清洁能源和创新领域的可持续投融资；在资产管理业务方面，关注 ESG 投资、可持续发展主题资产的投资。

中信资源的月东油田，为应对极端天气事件对海上油田和配套生产设施的损害，以及可能导致的环境污染，与国家海洋预报台签订海洋环保预报协议，每天两次向天时集团能源有限公司[1]（以下简称"天时公司"）报送油田的风级、海浪、气温等情况，以便提前做好停产、设备稳固、人员撤离等工作。

近年来，中信股份立足产融并举、业务多元、全球布局的独特优势，ESG 工作取得了一系列优秀成果，受到了广泛关注。围绕保护生态环境，中信股份认真把握绿色低碳转型大势，积极应对全球气候变化挑战，立足实际提出"两增一减"低碳发展战略，深入优化业务布局，不断加大创新投入，努力走出一条综合性企业服务"双碳"目标的绿色发展之路。2022 年，中信被评为中国工业碳达峰"领跑者"企业，名列榜单首位。围绕履行社会责任，中信股份在健康、教育、文化艺术、青少年发展及消除贫困等领域不懈努力，2022 年投入资金超 10 亿元，全力推进巩固拓展脱贫攻坚成果与乡村振兴有效衔接。此外，中信股份积极为投资者提供更透明、更有价值的决策信息，为客户提供更优质的产品和更极致的服务，为全体员工提供畅通的发展通道、公平的竞争机会和终身学习平台，努力做负责任的企业公民。围绕加强企业管治，中信股份高度重视以 ESG 推动企业管治可持续转型，建立起董事会、管理层和执行层分级负责的 ESG 管理体系，制定《中信股份 ESG 工作指引》，指导全系统深入开展 ESG 工作，通

---

1 中信资源控股有限公司下属天时集团能源有限公司为渤海湾盆地海南—月东区块的作业执行机构，从事石油的开发和生产。

过完善的制度体系、协同的工作机制和差异化履责要求，持续推动 ESG 融入经营管理和业务发展全过程，以卓越的企业管治保障投资者信心及股东权益。2022 年，中信股份凭借在 ESG 领域的突出表现入选"中国 ESG 上市公司先锋 100"榜单，ESG 指数位列榜单第二十一、综合类第二，被誉为"上市公司 ESG 发展的领先者"。

2023 年 9 月，MSCI（明晟）公布最新评级结果，中信股份 MSCI ESG 评级得分由 2022 年的 3.6 分提升至 5.6 分，处于行业较好水平，表明公司的 ESG 管理绩效和长期投资价值得到了市场的进一步认可。

数十年如一日对 ESG 理念的坚守与应用，正在重塑中信集团的价值，让世界都能看到中国企业的力量。

第三章

科技增效：
数字化与智能化培育新动能

锚定数智转型赛道，打造科技创新高地。

纵观人类发展史，每一次重大科技突破，都会给经济社会带来深刻的变革。电话的出现，为全世界人民畅通交流搭建了更为便捷的桥梁；汽车、高铁等交通工具的普及，大大提高了人们的通行效率；互联网技术的运用，让世界变成了"地球村"……科技的进步为人类发展带来了更为广阔的空间，真正印证了科学技术是第一生产力。

中信集团有着与生俱来的科技基因，始终致力于通过先进的科学技术实现提质增效。尤其是"十四五"以来，中信集团锚定数字化转型，积极加强对大数据、云技术、区块链、人工智能等前沿科技的应用，赋能集团生产效率提升、服务质量改善及经营业绩增长，培育新的企业发展动能，在实现科技与企业发展深度融合，助力集团高质量发展的同时，力争通过科技创新打造新的发展高地，占领市场先机，做行业的佼佼者。

目标明确强科技

党的二十大报告将科技创新摆到了更加突出的位置，国家"十四五"规划明确提出，把科技自立自强作为国家发展的战略支撑。为全面贯彻落实党中央关于加强科技创新的精神和指示，中信集团坚持把科技创新作为推进高质量发展的"牛鼻子"，紧抓科技创新这条主线，紧跟人工智能发展大势，从加强规划引领到健全工作体系，从加大科技投入到搭建科研平台，从支持创新突破到宽容试错失败，加快建设国内领先、世界一流的科技型卓越企业集团的步伐，力争成为践行国家战略的一面旗帜。

加强规划引领。2022 年 1 月，中信集团召开首届科技创新大会，发布《中信集团科技发展"十四五"规划》，这是中信集团首个科技创新专项规划。为实现集团 2025 年前整体进入中央企业科技创新第一方阵目标，中信集团提出实施"卓越计划"。一是推进"211"（又叫"两高地、一优势、一引擎"）行动，即打造科技攻关高地、原创技术策源地、绿色低碳先发优势和新兴产业发展引擎，提升科技创新能力。二是建立一体化科技创新体系，发挥科技创新合力。健全决策系统，完善实施系统，优化规则系统，强化支撑系统，以机制和政策为保障，形成有中信特色的科技创新"特区"。三是聚焦"五大板块"，增强科技创新动力。综合金融服务板块要以"创"为抓手，实施科技赋能，成为综合金融服务引领者。先进智造板块要以"智"为驱动，实施科技牵引，成为弯道超车领域开拓者。先进材料板块要以"特"为突破，实施科技引领，成为产业链安全保障者。新消费板块要以"数"为关键，实施科技助力，成为新消费趋势推动者。新型城镇化板块要以"绿"为契机，实施科技支撑，成为智慧城市营建者。

健全工作体系。加强集团的科技创新顶层架构设计，发挥科技创新引擎作用。成立科技创新委员会，作为科技创新决策机构"把方向""定任务""抓落实"；成立科技专家委员会，发挥科技专家"智囊团"作用，为集团科技创新事业建言献策。

搭建科研平台。2023 年 7 月 28 日，中信集团成立了科学技术协会。这是集团贯彻落实国家科技创新战略、打造科技型卓越企业集团的又一重要举措。这个平台将被打造为有温度、可信赖的科技工作者之家，引导广大科技工作者服务国家战略科技需求，推动原创性、引领性科技攻关。同时，它也是中信集团进行对外科技合作的重要渠道。此外，科学技术协会坚持党建引领，坚决贯彻党中央对科技创新工作的决策部署，积极服务集团科技创新战略实施。这样，不仅可以夯实中信集团的人才根基，打造出服务国家科技战略的人才高地和集聚全球优秀科技人才的富集地，还可以助力中信集团打通从科技强到产业强、经济强的良性循环。

加大科技投入。大力深化科技体制改革，抓住科技创新考核的"指挥棒"，激发创新活力。创新制定中信集团研发投入利润加回政策，通过引入超额累进的加回机制，构建多维度考核模型，引导子公司加大科技投入，使科技投入强度大幅提升。

支持创新突破。坚持向科技创新要"生产力"，强化原创性、引领性攻关。中信集团以突破关键核心技术、解决"卡脖子"难题为目标，发布"金融信创全栈云建设项目""汽车制造变革关键装备项目"等十大科技创新项目，并提供科研经费支持，在金融科技、先进智造、先进材料、生物育种、智慧城市等领域开展重大科技攻关。这是中信"集团定方向、配资源，子公司做方案、保落实"的新尝试。此外，中信集团还编制各子公司原创技术清单，推动中信原创技术策源地建设。

释放数字红利。加快推进"数字中信"建设，推进转型升级。中信集团坚持数字化创新，全面推动智能化升级。一是强化数字化顶层设计，探索建立与数字化转型相匹配的决策机制、人才机制、投入机制等；二是加强数字化转型工作的统筹管理，于集团层面设立了统筹推进数字化创新工作的专门委员会；三是通过数字化应用创新，在先进智造、先进材料等板块打造数字化领军企业，促进传统业务数字化转型，赋能"金控、产业集团、资本投资、资本运营、战略投资"五大平台，实现集团业务流程数字化。

通过一系列"组合拳"，中信集团的科技创新激活了一池春水，多点开花、成果丰硕，集团科技创新工作迈上新的台阶。

在产业领域，中信重工围绕重型装备，打造国之重器，积极发起和参与国家级研发平台建设，已拥有智能矿山重型装备全国重点实验室、国家企业技术中心、国家级工业设计中心、国家双创示范基地等多个创新平台，为企业发展提供了科技"硬支撑"，成为名副其实的国家创新型企业、高新技术企业。

在综合金融服务领域，中信银行围绕创新驱动，充分发挥引领者作用，在主体和用途两类科创票据创新上先行先试，斩获"全国首批"，项目数量和质量领跑市场。中信证券基于国产图谱数据库构建企业图谱的应用实践，打造了全新的企业图谱管理系统，实现了一站式的运维管理、调度管理和权限管理等，对券商行业构建具有自主可控能力的图谱中台有着启发意义。中信保诚人寿通过 VR（virtual reality，虚拟现实）技术实现 VR 会客厅、VR 保全服务、VR 智能双录系统，推出机器人回访服务、AI（artificial intelligence，人工智能）核保机器人等，数字化、智能化探索已全面铺开。

除此之外，中信集团在生物育种、新消费、智慧智能建筑等众多领域，也取得了一系列关键技术突破，如中信国际电讯 DataHOUSE ™ AR（augmented reality，增强现实）千里眼服务、中信环境的美能膜技术。中信集团"科技—产业—金融"的良性循环，既赋能集团走上高质量发展道路，又助力集团成为具备国际影响力和竞争力的科技创新型企业。

　　中信集团将持续以科技驱动发展，并将国家战略作为导向，以推动高质量发展为主题，不断加大科技投入，提高集团科技水平，并通过科技领域的不断突破，助推集团价值持续提升，最终体现为企业效益的稳步增长。

数字启动新未来

科技是国家强盛之基，也是企业立身之本，随着科技的进步，数字化浪潮已席卷全球，尤其是人工智能、云技术、区块链等新技术在多种场景中被广泛应用。顺应世界数字经济规模的不断增长以及全球数字化发展大势，为构筑竞争新优势，我国积极实施数字中国战略，并不断出台有关政策，支持数字经济发展。

中信集团明确提出建设数字中信，加强新一代信息技术与金融业、制造业、建筑业、出版业等的深度融合，借助前沿科技力量，推动集团登上一个又一个高峰，实现一阶又一阶的跨越，为中信事业长长久久打下牢固根基。

数字金融

金融业尤其与数字信息技术密切相关，其数字化转型已成为攸关生死存亡之战，金融科技的赋能程度将直接决定未来谁能占据金融领域的高地，也将直接决定金融企业未来能否持续保持高质量发展。中信集团紧跟数字化转型潮流，借助金融科技赋能综合金融服务业务不断迈上新台阶，从而助力集团不断提质增效，实现从增长到增效的根本转变，不断为高质量发展蓄积能量。

中信集团积极探索人工智能、大数据、AIGC（artificial intelligence generated content，生成式人工智能）等前沿科技在金融领域的应用，力争抢占金融发展先机，打造智慧金融新模式。

中信金控建设了国内第一个全信创、一体化金控数字化平台，全面、广泛、深入推进综合金融服务板块的数字化转型。在2022世界人工智能大会上，中信金控正式发布数字人"小信"。这是业内打造出的第一个数字人财富顾问。它搭建了行业领先的智能建模、智能人像驱动和智能对话引擎等人工智能能力以及全栈式系统平台，建立了"超脑"知识库人工智能模型，可为人们提供银行、证券、信托、保险等综合金融服务；它运用了精细的3D建模技术，资产模型超过百万面，预置了几十套模型动作资产，可支持更好的交互和适应多变的应用场景；它能够进入元宇宙虚拟世界，扮演主持人、主播等多种角色，作为核心交互载体，在未来银行与年轻用户之间进行品牌心智对话，打造沉浸式服务体验。[1] 2022年，数字人"小信"荣获"2022年产业智能化先锋案例"奖项。

---

1 中信集团.中信金控数字人"小信"在2022世界人工智能大会正式发布［EB/OL］.
［2022-09-01］.https://www.group.citic/html/2022/News_0901/2574.html.

2023 年 2 月，由中信金控牵头各子公司建设和运营的财富管理数字化平台"中信财富广场"正式对外发布。其用数字化手段替代人工，有效降低了财富管理服务的成本，进而降低了财富管理门槛，实现了客群下沉与效能提升。截至2023 年 6 月 30 日，"中信财富广场"已接入金控的 9 家一级和二级子公司，注册用户超 500 万户，月活用户达 70 万户以上，为子公司交叉引流获客超 20 万户，初步发挥了金控下属各子公司财富管理协同经营平台的作用；新注册用户中有超过 15 万客户关联了多家子公司用户，实现了客户综合经营。其中财富广场向中信引流用户 1.6 万户，带动 AUM（asset under management，资产管理规模）增长 2.5 亿元，通过营销活动带动百信银行新增理财客户 2 000 余户，带动消金新注册客户2 375 户，有效促进了子公司交叉获客。

中信银行以金融科技为永续动能，全面塑造全行经营管理的数字化能力，打造智慧、生态、有温度的数字中信，提升银行竞争力和市场价值，促进银行高质量发展。自主研发人工智能平台"中信大脑"，将数据资产建设成果广泛应用于产品研发、运营管理、风险防控等普惠金融业务全流程，产品研发周期缩短四分之三，项目并行投产能力提升 3 倍，普惠金融贷款主要业务指标位居同业前列。同时，还为零售、对公、金融市场等业务板块带来巨大的业务价值提升。以客户智能化经营为例，其通过对高净值客群进行精准画像，打造智能策略库，实现户均 AUM 提升约 1 万元。另外，基于"中信大脑"强大的算法能力，中信银行在 2021 年全球开放数据应用创新大赛上荣获一等奖。

中信银行区块链底层平台全面实现国产化，作为首批金融机构一次性通过工信部全部信创测评，处理能力超过 13 万笔每秒，技术成熟度达到行业一流，率先自主构建"区块链＋隐私计算"一体化平台，入选 2022 年第七届融城杯金融科技创新案例。

针对央企国企集团客户的司库建设需求，中信银行自主研发智能司库并领先于同业首批试点落地，系统打造了 12 大中心、70 个模块、875 个业务功能点，集成了自身领先的交易银行生态化产品体系，全面支持集团企业的多级组织架构、多级次穿透、多元流程配置，为客户提供个性化、定制化和综合化的财资管理服务，力求成为业界领先的司库品牌。

中信建投证券立足数字化转型需要，融合云计算、大数据、人工智能等技术手段，不断优化业务流程，推动金融科技与业务场景结合落地。例如，积极引入 RPA（robotic process automation，机器人流程自动化）技术，中信建投证券将其应用到投行委、托管部、运营部、证券金融部等多个部门的不同场景中。典型如利用 RPA 加载单据、文件等多种形态的待审批内容，借助 OCR（optical character recognition，光学字符识别）、NLU（natural language understanding，自然语言理解）等手段将非结构化数据转换为结构化数据，进而按照既有规则完成核对审批工作，最后再以 API（application program interface，应用程序接口）调用等方式将通知报文发送给上下游相关人员，从而有效避免人工差错、延时等问题。这样，在实现审批类工作流程自动化，大大减少对人力资源的占用的同时，还提高了业务办理的准确性。

数智制造

在数字中国战略的指引下，推进制造业数字化转型升级，实现智能制造，已成为我国传统制造企业谋求进一步发展的必然路径。中信集团一直坚持发展先进制造业的初心，积极利用数字化破解转型难题，推动自身制造企业高端化、智能化、绿色化发展，在更好地提升产品科技属性的同时，助力市场和业务的开拓，为后续业绩的进一步增长储备科技动能。

中信戴卡作为全球制造业的标杆和领路者，通过技术创新以及 AI 技术、5G 技术等新型技术的应用，全面提升自身的数智制造水平，不仅走在集团智能化、数字化、自动化转型的前列，还为我国传统制造业进一步降本增效带来新的启发。

中信戴卡打造了全球铝车轮行业首个"灯塔工厂"，在行业内首次将人工智能评片技术应用于边缘端 X 光检测设备，取代 90% 以上的人工评判，产品不良率下降 20.9%，能源使用效率提高 39%，有效降低了人工依赖和原材料损耗；自主研发了工业级 AI 视觉平台，可适应复杂生产场景，以持续优化的 AI 算法不断提升工业质检效率，率先应用于车轮毂内部缺陷检测，并在工业检测领域落地多个行业应用；通过激光二维码自动识别、智能视觉识别以及工艺自动补偿、机器人及智能物流配送系统等多种技术的组合，打造出柔性制造系统，实现敏捷制造，将最小生产批量从 300 件降至 1 件，让"一件订单"的定制化生产成为可能；打通现场层、工厂层和集团层，构建数字化精益制造协同平台，以数字孪生技术还原生产制造管理全貌，从而让工厂内的 8 万多个数据采集点位对全线运营指标和生产状态进行实时监控、实时采集，发现问题自动报警，并对问题进行分析，查找原因，实现指标的改善优化。

"灯塔工厂"被认为是数智制造与工业 4.0 的示范者，代表了世界数智制造的最高水平，不仅推动新技术与产业深度融合，从而实现提质增效、绿色制造，而且其自主研发制造的智能设备，让自身的制造水平领先行业多年。此外，中信戴卡还将"灯塔工厂"的成功经验推广到中信集团旗下先进智造、先进材料等板块的子公司，从而推动中信集团生产、管理和研发的转型升级，并为我国传统制造业的数字化转型指明了方向。

中信戴卡还以数智赋能，在车轮产品设计上首创开发了 I-SODA 高效设计平台，提升设计效率与设计质量。I-SODA 平台是基于产品标准化和多系统、多软件的集成应用平台，融合了 400 多种标准模板、20 多个特征模块、10 000 余款项目经验数据，形成了基于知识工程的智能（I—intelligent）、安全（S—safe）、优化（O—optimized）、数字化（D—digitized）、先进（A—advanced）的设计平台。可实现导航式设计、自动化建模、智能防错和智能迭代等功能。

平台将设计流程标准化，对所有的尺寸、约束、线条、特征都进行了标准化命名和参数化处理，根据不同市场的特性，制定标准模板流程，结合特征模板库，实现"2+1"正向导航设计，两次一键式模型生成，输出唯一最优解。

平台基于知识工程进行智能防错。平台集合法规年鉴、设计规范、工艺需求等设计检查项 80 余项，将检查要素融入设计流程中，构建模型，通过算法实现智能防错，通常在 5 至 10 分钟完成自动化检查。传统的人工检查模式环节多、流程长，错查、漏查现象频发，该平台可以很好地规避这些弊端。

平台基于拓扑优化实行智能迭代。平台很好地将 CAD（计算机辅助设计）、CAE（计算机辅助工程）系统进行集成，可以实现模型的高效转化，根据目标设定，通过多目标优化，实现设计方案的智能迭代，输出精益化方案。

目前 I-SODA 平台已在研发设计端推广应用，通过全员使用与持续优化，形成更多的智能化功能模块，实现了企业隐性经验显性化、显性成果标准化、标准内容生动化。平台改变了传统的设计模式，变分散式、经验式、手工化为集成式、标准化、智能化，对于其他制造业数智赋能极具学习意义和参考价值。平台单次 3D 设计效率提升 120%，综合提效达 26%，设计人员人均产出增加 16.3%，有效保障了未来存量市场竞争环境下订单增量的设计资源和设计质量。

中信重工是全球领先的矿山装备供应和服务商，是国内一流的特种机器人研制企业，其围绕"核心制造 + 综合服务"商业模式，以河南省重点行业工业互联网平台项目为契机，依托自身在矿物实验、产品研发、装备制造、运维服务、工艺优化和工业大数据等方面的深厚积淀，利用 5G+ 工业互联网平台技术，初步建成国内行业首个矿山装备工业互联网平台，可为客户提供基于物联网的智能化服务。该项目成功入选工信部"工业互联网试点示范项目"、"制造业与互联网融合发展试点示范项目"和第四届"绽放杯"5G 应用获奖项目。

在该平台,通过使用 5G 传输技术、无人机扫描路径规划技术、集群协同卡车智能调度等采矿智能化技术,操作人员坐在电脑屏幕前,点击鼠标即可控制全厂设备运行和工艺参数;通过生产管控平台系统,即可了解全厂人员分布情况、设备状态、物料信息、生产指标和安全环保数据。

以洛阳栾川某大型钼矿企业的采矿作业为例,通过采矿智能化改造,该大型钼矿企业的采矿作业效率提升 17.9%,矿石品位波动率从 15.82% 降低至 4.35%,年创造经济效益约 1 500 万元。矿山装备工业互联网平台的应用,实现了数字化信息技术与煤矿生产管理的有机融合,是中信集团打造智慧矿井的示范,为我国煤矿业步入高质量发展快车道奠定了基础。

基于平台化服务,中信重工为行业用户提供远程运维监测、故障诊断、预测性维护、工艺分析优化服务,将工业技术、管理、应用等方面的经验和知识模块化、软件化,以微服务组件或工业 App(应用程序)的形式赋能给行业企业。目前平台已接入中国黄金集团有限公司、洛阳栾川钼业集团股份有限公司等矿山龙头企业核心矿山装备和多条产线,连接设备价值达 100 多亿元,开发出矿石粒度智能检测、衬板磨损在线检测等 20 余个独有的工业 App、74 个工业机理模型和微服务组件,并投入应用,基于平台化运维服务,使客户现场设备故障停机率降低 20%,生产产量增加 3.5%,能耗降低 5.8%,赋能行业用户高质量发展。

中信泰富特钢秉承"特钢是科技炼成的"理念，深入践行"数智引领"战略，为我国制造业数字化转型贡献了特钢智慧和特钢方案。

中信泰富特钢旗下大冶特殊钢有限公司（以下简称"大冶特钢"）打造的460钢管数字化工厂是全球首个全流程、全业务特种无缝钢管工业互联网平台和数字孪生工厂。其创新应用人工智能技术，实现从坯料进厂到加热、轧制、检验，直至产品交付的全过程管理。

460钢管数字化工厂首创无缝钢管数字身份认证，即通过智能装备，以数字钢管为核心，让每支钢管都有属于自己的数字身份认证。并且，每支钢管融合了2万多个数据项，包括钢管的壁厚、外径、生产节奏、单支能耗、碳排放等信息，为产品质量管控和碳足迹认证奠定了基础，这也是钢管生产工序首次实现对碳排放的计算和控制。

与此同时，460钢管数字化工厂创造性地解决了多品种小批量制造难题。面对客户定制一支钢管的需求，大冶特钢应用数字化技术对生产组织进行一系列柔性化设计。比如，对2000多个个性化标准和客户需求进行数字化设计，并将其自动推送到每个生产岗位，改变对人工设定参数生产模式的依赖；通过应用最优排序算法模型，让坯料自动匹配、智能排程。此外，460钢管数字化工厂还对生产过程中的海量数据进行挖掘分析，将人工智能技术与钢管生产工艺融合起来。它通过对收集的标样进行算法选择、模型训练等，实现行业首创的钢管端到端的全长性能预测；搭建工艺循环优化模型，从质量、效率、能耗等多维度对钢管进行评价，并可自动推荐出综合评分最高的钢管，从而让这类钢管成为生产标杆，促进钢管工艺再优化。

460 钢管数字化工厂是中信集团数智制造的典范，为做强中信智造品牌打下了基础，在促进节能降耗、提高生产效率、增加经济效益的同时，还引领中国钢铁行业顺应发展潮流，走上绿色低碳发展之路。除此之外，中信泰富特钢还有诸多数智赋能的成功案例，如智慧高炉运用数字技术优化智能燃烧模型，让产品不良率下降 79%，生产率提升 12%，能源利用率提高 10%；"天枢工业互联网平台"掌握了"AI+ 工业视觉""AI+ 设备管理""AI+ 能碳管理"等核心技术，该平台已通过工信部测评，具备赋能不同行业企业智能化转型的能力。

智能建造

在数字化蓬勃发展的大背景下，面对竞争激烈的建筑行业，中信集团以中信环境为主导，积极攻坚智能建造，致力于突破"卡脖子"难题，推动我国建筑业转型升级。

一是研发国产自主可控 BIM（building information model，建筑信息模型）技术。针对我国建筑行业对国外设计施工软件严重依赖，导致国内建筑工程项目的大量核心数据几乎都被捏在国外软件"手"里的现状，中信环境于 2017 年率先提出"中信智能建造平台"构想，通过利用 BIM 和云计算、大数据、物联网、移动互联网、人工智能等技术，实现从设计、采购、生产、施工、运维到金融的全过程、全要素、全参与方的数字化、网络化、智能化管理，构建起行业新生态系统。

2019 年 9 月，中信环境联合 20 余家产学研用优势单位，依托工信部 BIM 重大专项，全力研发自主可控的国产 BIM 软件，立志解决 BIM 技术的国产化替代难题，打破国外对该项建模软件的垄断，确保国家建筑产业及产业链供应链安全可控。这项工作已形成覆盖工程建设全生命周期的国产替代软件成果，60 项 BIM 软件代码自有率达 90% 以上。

国产自主可控 BIM 技术的应用，赢得了工信部、科技部、住建部等多个部委的领导及多位院士专家的高度评价和充分肯定。它在有力保障建筑业数据安全的同时，推动工程技术人员完成对建筑的数据化模型整合，高效处理建筑项目从策划、运行到维护的全生命周期信息，实现精细设计、精益建造与智慧运营，降低建造和运维两个主要环节的能耗和碳排放量，对中信集团新型城镇化板块实现降本增效具有重要意义。[1]

2020 年 6 月，国产 BIM 软件被应用到塔里木油田天然气乙烷回收工程综合办公楼上，取得从 0 到 1 的突破，不仅填补了行业空白、树立了行业标杆，还产生了良好的社会效益，带来了潜在的经济效益，为中信力量全面引领国产 BIM 技术发展潮流夯实了基础。

之后，国产 BIM 技术相继被中信集团应用到更多实践中，带来了良好的效益。例如，国家网安基地展示中心项目的玻璃采光顶为三维曲面形状，存在大量的曲面玻璃，通过 BIM 数字化技术，将大量的曲面玻璃优化为平板玻璃，节约成本

1　中信集团 . 攻坚"卡脖子"重大专项 中信工程全力构建国产 BIM 应用生态［EB/OL］.
　　［2022–06–28］.https://www.group.citic/html/2022/News_0628/2555.html.

200 多万元。

东湖实验室一期首开区项目在能源站设备采购中，利用 BIM 技术完成能源站的三维模型设计以及工程量的统计工作，修正预算工程量清单，提高了清单的准确性，缩短了设备招标周期。在设备安装过程中，采用三维模型进行技术交底，设备及管道空间关系清晰明确，易于理解，预控项目风险，实现了"零碰撞""零拆改"，缩短了工期，降低了投资。

二是打造中信智能建造平台。2020 年 10 月，以中信集团工信部 BIM 重大专项工作落地为契机，中信数智（武汉）科技有限公司（以下简称"中信数智"）应运而生，其战略定位是中信环境数字化战略转型与科技创新的实施载体、国家重大专项研发载体和主要实施者、中信智能建造平台的建设者和运营者。

为突破传统建造体系，中信数智自主研发中国智能建造平台。该平台让行业内的不同企业都可以接收同一项目的数据，推动项目参与者互联互通，从而打通行业数据孤岛，通过云端协作增强国产 BIM 软件的适用性。

截至 2023 年 6 月底，中信智能建造平台入驻企业已超5 000 家，在线采购交易总额超 10 亿元，资金管控系统中信数智宝累计管控资金超 2 亿元，形成以全过程工程管理、三维设计协同、资金支付管控和数字资产管理等为重点的产品服务体系，多项科技成果达到国际领先水平，并先后入选住房城乡建设部发布的第一批智能建造新技术新产品创新服务案例，中国企业联合会和中国企业家协会发布的"2021 年全国智慧企业建设创新案例"，湖北省发展和改革委员会 2022

年数字经济试点示范项目等。2021年10月，在工信部、国务院国资委、浙江省人民政府主办的第三届中国工业互联网大赛决赛中，中信智能建造平台以领先优势获得建筑业新锐组全国第一名，"换中国芯、上中国云"战略获得认可。

中信智能建造平台建设通过科技赋能提升了整个链条的生产效率。例如，以支付监管系统所存交易数据为切入点，将贸易带入整个供应链链条中，以科技手段盘活供应链环节资产，使各参与主体提升和优化信用融资质量。融资客户可依靠企业自身的历史交易数据来获得金融机构认可，从而实现融资需求。同时，通过虚拟账户体系，可以杜绝挪用工程款，控制资金向产业链下游流转，全程查询资金流向和用途，对虚拟子账户资金设定部分冻结等。利用供应链信息透明＋平台管控资金，完整实现"业务流、资金流、信息流"合一，不仅能为管理赋能，而且能实现业务全穿透，真正做到精准管控。

三是成立数字建造产业联盟。中信数智还积极整合中信环境前期平台资源，协同中信集团内各项优质资源并携手外部相关企业单位，创新打造建筑产业互联网＋核心生态圈，全力推动"降本增效"进入智慧时代。与国家工业信息安全发展研究中心、杭州品茗信息技术有限公司、北京构力科技有限公司等签订战略协议，在数据互通、平台对接等领域开展深度合作。与清华大学、武汉理工大学等高校，华为技术有限公司、科大讯飞股份有限公司等企业，中国铁道科学研究院集团有限公司、中国信息通信研究院（以下简称"中国信通院"）等研发机构深入对接，在零代码、数据中台自研搭建上，不断达成合作意向。领衔发起武汉设计之都促进中心·数字建造产业联盟，首批成员单位达 50 家，据新华社相关报道，5 小时内阅读量突破百万，刷屏建筑工程行业朋友圈，引发轰动。

尤为值得一提的是，中信数智践行国企担当，积极关注建筑产业链上中小企业的痛点、难点和需求，针对建筑产业链上中小企业面临的垫资金额大、回款慢以及融资难、融资贵等问题，基于国产自主可控 BIM 技术，依托中信智能建造平台，创新推出中信数智宝产品。中信数智利用中信集团产融结合优势，通过与 BIM 对接，构建工程进度、造价以及资金拨付的强对应关系，支持金融机构对建筑产业链上的中小企业开展订单融贷、贷后监管、供应链金融等金融赋能服务，缓解中小企业资金压力，实现建筑业与金融业之间的有效联结。[1] 这不仅进一步引导金融活水流向建筑产业薄弱环节，还扩大了金融服务的覆盖面，提高了金融服务的普惠性和精准度，有利于建筑业中小微企业的发展。

面对数字化时代释放出的发展红利，中信环境力争通过数字化转型降低企业成本，创造新的效益，为中信集团降本增效赋能。例如，基于 5G 和有线网络的全覆盖，中信环境在火神山医院设置了远程会诊平台。这让远在北京的优质医疗专家可通过远程视频连线的方式，与火神山医院的一线医务人员一同对病患进行会诊，以进一步提高病例诊断、救治的效率与效果，同时为病人及运维的超高清视频等大流量应用

---

1 中信集团.攻坚"卡脖子"重大专项 中信工程全力构建国产 BIM 应用生态［EB/OL］.［2022-06-28］.https://www.group.citic/html/2022/News_0628/2555.html.

提供了条件。而火神山医院的建设，为中信环境带来了巨大的社会价值和品牌价值，扩大了中信环境在医疗领域的影响力，在火神山医院建成之后的一年多时间内，中信环境先后参与了 100 多个与医疗相关的项目，设计了 70 多家医院，设计总合同额达 6.4 亿元。

智慧农业

农业是我国的立国之本，关系到中国人的饭碗能否任何时候都牢牢地端在自己手中。2021 年 7 月，中央全面深化改革委员会第二十次会议审议通过《种业振兴行动方案》，这是我国种业发展史上具有里程碑意义的大事，为我国种业振兴指明了发展方向和路径。党的二十大报告则指出，要深入实施种业振兴行动，强化农业科技和装备支撑。显然，种业发展已引起国家高度重视，成为保障人民切身利益的重中之重。

根据方案精神，中信集团积极围绕种业科技自立自强、种源自主可控的目标，加强种质资源保护、科研育种及种业产业化发展，在种业领域形成良好的发展基础和独有的竞争优势，打造出具有国际竞争力的民族种业航母，为我国种业振兴贡献出中信智慧。中信集团作为国有企业，为保障国家粮食安全，以科技赋能农业，加强智慧农业建设，积极践行为国家经济建设做贡献的初心使命，全面参与我国现代农业建设，为智慧农业添砖加瓦。一方面，践行国家战略，推动种业创新发展，助力国家打好种业翻身仗。另一方面，利用产融结合思想和"数字中信"优势，致力于发展数字农业，以不断提高农业生产效率和质量，促进农业可持续发展。

中信农业作为中信集团农业板块的战略规划者和实施者，坚持国家种业振兴战略，专注于农作物育种与种业科技发展。其中，依托"BT + DT + AI"（生物技术 + 数据技术 + 人工智能）前沿科技构建的生物种业信息决策系统"种谷大脑"，通过对基因型、表型及环境型数据进行规模化采集和智能化分析，大大提升了育种效率，新品种创制周期从 8 ~ 10 年缩短至 3 ~ 4 年，为端牢"中国饭碗"贡献力量。[1] 自主研发的液相生物芯片，从设计、生产到应用实现了全链条国产化替代，基因检测成本相对于使用国外固相芯片下降了 50% ~ 60%，并在我国作物、畜禽、水产等育种领域得到广泛应用。

与此同时，中信农业还不断加大种业科研投入，并先后在国内外建立种子研发站点、种业研发机构以及相关合作创新联盟等，推动我国种业品牌建设，助力全球智慧种业迈上新台阶。2020 年 5 月，中信集团与湖南省政府联合打造的岳麓山种业创新中心成立。该中心以"研发为产业，技术作产品"为发展方向，不断加强重大技术研究和实现前沿关键技术突破，着力将自身打造成面向全国、辐射全球的种业创新高地，以更好地保障我国的种业安全。2022 年 5 月，中信集团下属中信农业、隆平高科等成立杂交水稻创新攻关联盟，旨在践行中信集团使命担当，传承弘扬袁隆平精神，把我国的水稻事业做大做强，为我国粮食安全提供支撑和保障。

---

1 中信集团 . 中信集团多领域数智化创新应用成果亮相 2023 世界人工智能大会［EB/OL］.［2023–07–08］.https://www.group.citic/html/2023/News_0708/2639.html.

中信农业以中信人的担当和作为，主动承担起国家种业的一系列重大专项工作，推进我国种业新品种研发和产业化应用，不断巩固我国在相关产业领域的领先地位。

另外，中信集团还利用自身强大的综合金融服务优势，创新打造"金融＋科技"智慧农业服务体系，促使我国农业从传统农业向数字农业转型，在实现农业现代化、助力国家粮食安全的同时，还为我国实现乡村振兴、共同富裕增添新动能。譬如：中信银行发挥集团协同优势，为河北省供销社及其下属公司打造智慧农业服务方案；[1]打造数字农业系统，搭建智慧农业平台，强化农业全产业链的数字化管理，不仅大大降低了农业生产成本，还促进了河北农业规模化经营；同时以金融活水赋能农业发展，推进土地托管金融化、数字化。

智慧城市

智慧城市是数字时代城市发展的必然趋势，也是人类城市文明高度发达的生动体现。中信集团积极融入智慧城市发展潮流，勇敢承担社会责任，利用自身强大的科技力量赋能我国城市现代化建设，先后落地了智慧社区、智慧办公、智慧商业等一批创新应用，为城市更新、区域融合发展贡献了力量。

建筑是城市之魂，因此智慧城市转型的重要方向之一就是建筑智慧化升级。建成于 1991 年的京城大厦是由中信集团

---

1 金融界.金融界乡村振兴案例展示之中信银行："金融＋科技"智慧农业服务探索［EB/OL］.［2023-07-20］.https://baijiahao.baidu.com/s?id=1771909082198862563&wfr=spider&for=pc.

自投自建的中国第一座智能化超高层钢结构建筑，在运行的三十余年间，见证了中信集团的蓬勃发展。但面对日新月异的科技进步，面对智慧城市的发展机遇，京城大厦急需一次全面升级。自 2017 年起，中信和业从"安全可靠、节能舒适、绿色低碳、智慧智能"的角度开始对京城大厦进行改造。除了常规设备的更新与升级，此次改造最关键的是智能楼宇管理平台安装。基于智能平台，大厦便拥有了一个"大脑"，可以高效管理写字楼的建筑设备设施，特别是能对通风、空调、照明、动力设备进行监控与智能调节，实现远程快速发现甚至预判故障，并迅速采取应急措施，确保设备更加安全高效地运行，节约了能源和人力。改造完成后的京城大厦，年节约能源费 24.15%，二氧化碳排放量降低近 30%，获得 LEED O+M 金级认证。2021 年 10 月，中信集团以京城大厦改造案例为依托，发布《既有办公建筑改造行动指南》，以此打造写字楼智能化改造的行业标准，并与行业分享经验，共同推动既有办公建筑的改造升级。

和京城大厦智慧化升级不同的是，由中信集团投资、中信和业建设的中信大厦，从设计之初便将成为智慧建筑领域的标杆型建筑作为目标。大厦采用 BIM 全生命周期管理，设备信息、运行数据、运维信息、BIM 信息高度贯通，建筑物可按楼层、功能分区进行空间管理，实现设备运维信息全生命周期贯通，大大提高了大楼运维效率，降低了运维难度，有效减少了运维人员，实现了降本增效；物联网技术的应用，可以实现中信大厦 63 个智能化子系统、约 65 万个点位的互联互通，实现不同系统的联动以及应急处置，实现大厦智慧运营；而与阿自倍尔公司深度合作开发的中信大厦综合能源管理系统 Z.BEMS，结合日本 100 多座楼宇的能耗管理经验，并定制开发了 9 大能耗评估体系及 40 个评估流程，在设备故障诊断、能耗分析评估、节能效果方面都有卓越的表现。

中信环境自主研发的智慧排水管控平台基于物联网、大数据、云计算、人工智能、BIM、VR/AR 等新一代技术，结合水力、水质模型，通过对武汉清水入江项目污水处理、排水管理的研究，使污水厂的多源信息得以融合，并建立起全方位、多维度、立体化的智慧排水一张图，这让武汉清水入江项目污水处理厂、泵站及 200 多公里排水管网实现了智慧管控，每年可降低污水处理厂运维成本 10% ~ 15%，大大提升了排水系统的整体抗风险能力和应急响应水平。

泰富中投遵循"科技创造美好生活"的宗旨以及"精""特"的发展理念，致力于用专注品质，引领高品质智能化生活，为我国城市的未来赋能。其先后打造了上海中信泰富广场、上海陆家嘴滨江金融城、广州滨江上都、济南信泰中心、中信泰富又一城等著名地标，通过营造智能办公环境，融入智能技防、智能物联、智能家居等，不仅创造了舒适宜居的人居环境，还提升了商业和办公的品质。这既展现出泰富中投积极融入区域发展战略的责任担当，又是泰富中投与城市共生共发展的生动写照。

智能出版

面对人工智能革命带来的智慧全球化发展趋势，未来出版业向着智能化方向发展已是大势所趋，AIGC 这一新型技术出现在人们的视野里。AIGC 基于 GAN（generative adversarial network，生成对抗网络）、CLIP（contrastive language-image pre-training，基于对比文本 - 图像对的预训练方法或者模型）、transformer（转换模型）、diffusion（扩散模型）、预训练模型、多模态技术、生成算法等技术，能够生成文本、图像、视频、音频等多种形式的内容，可被广泛应用于新闻媒体、医疗健康、教育培训、图书出版、语言翻译以及人机交互等领域。AIGC 被认为是人工智能从 1.0 时代进入 2.0 时代的标志，不仅市场前景广阔，而且对人类社会文明发展具有里程碑式的意义。

中信出版作为中信集团出版业的实施者，积极拥抱 AIGC 给出版业带来的新机遇，不断为出版业转型升级、提质增效探索新出路，抓住新未来。

为了在新技术变革驱动下，引领出版业融入以"知识比特化、出版网络化、传播人际化"为特点的"智慧阅读新时代"，中信出版以开放的心态，积极探索人工智能在内容生产和出版传播领域的应用。

一是以战略引领人工智能与出版业有效衔接。中信出版提出实施三大战略，即"双轮驱动"战略、"品牌化"战略和"框架化"战略，以应对人工智能对出版业的冲击，促使中信出版走上转型之路。

"双轮驱动"战略，即技术驱动和模式驱动战略。该战略通过人工智能技术去改变出版业传统的商业模式，在提高出版业工作效率的同时，更多地从客户端去捕捉消费者的需求，将其作为内容创作和知识传播的重要依据。

"品牌化"战略是依据时代变化做出的选择。中信出版紧跟时代发展变化，在人机结合的智能阅读时代，重塑自身品牌，在引领我国出版业品牌发展壮大的同时，为消费者带来符合时代特点的阅读方式和获取知识的渠道。

"框架化"战略，即中信出版要实现数字出版和人工智能的平台化应用，从而改变信息处理方式和知识生产方法。也就是说，要在市场中形成概念化的共识，展现出出版的社会化价值。

二是加强人工智能技术在出版领域的应用，推动中信出版实现数字增效。这主要包括两个方面：首先，中信出版在建立智慧阅读新生态的基础上探索建立出版新模式，并成立平行出版实验室，推进"AIGC 数智出版"流程再造，以提高出版效率、降低出版成本。同时，中信出版认真研究论证运用 AIGC 积累数字资产、创新收入模式的可行性，积极孵化财经翻译图书、智能数字营销、少儿 IP 等领域的创新项目。根据中信出版 2023 年半年度报告，中信出版已基本建立起人工智能共建的产品生产和宣发体系，首批人工智能辅助出版的图书已面市。

其次，中信出版利用 AIGC 突破传统出版物的瓶颈，打造符合大众精神需求和未来需求的出版平台。譬如，中信出版自主研发了"智慧出版平台"。这个平台将版权研究、内容生产、视觉生成、营销策划等关键业务环节与人工智能相结合，大幅提高了图书出品质量、生产效率和推广效果。再如，中信出版研究打造的 AIGC 数智出版集成工具平台，已面向内部编辑团队开放试用，在选题评估、翻译、初步审校、封面和插图制作、营销热点匹配和文案写作等环节的测试中，工作效率大幅提升。

可以看出，基于人工智能技术打造的数字化平台在增加中信出版的经营效益、加快中信出版转型升级的同时，可以为消费者提供更丰富的产品体系、更优质的共创内容，从更大的视角去满足人民日益增长的精神文化需求。对我国出版业而言，这有利于提升整个出版业的出版质量和出版效率，形成更加多元的出版生态圈，同时也给传统出版业的转型发展带来了新思路与新参考，能推动我国出版业更好更快地走进数智时代。

在新的发展格局下，中信出版坚持前瞻性思维、坚持打造精品，以锐意改革、开拓创新的姿态，进一步整合平行出版实验室、中信书院、新媒体业务、技术研发中心和内容电商业务，建立统一的"智能数字体系"，围绕"人、机器、知识、认知"的平行关系，基于 AIGC 应用层，面向未来"超渠道"，对战略、组织、技术和用户进行交叉整合，在数字平台、读者交互和社会嵌入融合上打造超级内容平台和知识服务体系，逐步形成公司的第二增长曲线。

网络强国

中信集团以服务国家、集团发展战略为前提，着力构建高度安全的数字化、智能化网络基础设施，致力于为客户提供空天地海一体化的网络服务，通过搭建云网融合架构体系，落地智能算网大脑、智能化网络管理、智能化数字空间等多项先进应用，为建设网络强国贡献一份中信力量。[1]

中信网络作为我国拥有基础网络层建设及运营资质的基础电信业务运营商之一，积极打造"智能－超算－数据传输交换平台"，参与网络强国建设。其智能光传输骨干网覆盖我国经济活跃区，规划建设的骨干光缆传输网则以DWDM（dense wavelength division multiplexing，密集波分复用）技术为支撑，打通数据脉络，连接超算中心、智算中心、大型云平台和数据中心集群，建造起我国"六横五纵"的骨干网络架构，为人工智能的应用构建起大带宽、低时延的新型网络体系，不仅实现了各种业务网数据互通有无，更为我国人工智能行业发展添砖加瓦。2023年8月，中信网络加入了国家超算互联网联合体[2]，利用自身在通信领域的运营优势，为超算互联网发展提供传输资源和技术支持，从而推动超算互联网的技术创新，加快超算互联网应用落地。中信网络深耕数据传输领域，就人工智能、算力网、超算互联网等领域，为客户提供可信赖的专业服务和高质量的解决方案，促进了我国基础网络设施建设。

中信数字媒体网络有限公司卫星通信分公司（以下简

1　中信集团.中信集团多领域数智化创新应用成果亮相2023世界人工智能大会［EB/OL］.
［2023-07-08］.https://www.group.citic/html/2023/News_0708/2639.html.

2　超算互联网作为国家算力底座，通过网络连接全国众多超算中心，构建一体化算力服务平台，实现算力资源统筹调度、精准匹配、普惠使用。超算互联网联合体汇聚了国家超算中心、超算研制单位、网络运营商、知名企业、重点高校、科研机构等。根据计划，到2025年底，国家超算互联网将形成技术先进、模式创新、服务优质、生态完善的总体布局，有效支撑原始科学创新、重大工程突破、经济高质量发展、人民生活品质提高等目标的达成，成为支撑数字中国建设的"高速路"。

称"中信卫星")以支持用户建设和运行安全稳定、性能优异、迅捷高效、高性价比的卫星网络为目标，为国家部委、电信运营商、大型国有企业以及 VSAT（very small aperture terminal，甚小口径天线终端）网络运营商等用户提供综合性的卫星解决方案。譬如，推出全新的"SAILAS"海洋业务解决方案。该方案针对亚太地区日益增长的海洋通信需求，依托中信卫星自身丰富的亚洲系列卫星资源和分布在亚太地区的多个卫星主站，力争为货运轮船、渔业捕捞、客运邮轮、海上石油天然气开采等方面的船主和船舶运营方提供畅通可靠的海上通信服务。

中信卫星一般应用于电信、金融、石油化工、交通运输、海洋渔业、广播电视等领域，并在自然灾害救援、突发事件处置及重大活动报道等应急通信保障中发挥重要作用。2022年 6 月，中央广播电视总台利用酒泉卫星发射中心的卫星转播车，将神舟十四号发射现场的高清实时直播信号通过亚洲五号卫星及时传至总台，进行采编后送入各类媒体终端，从而使观众通过电视、网络等媒介见证卫星发射。

同年 9 月，在泸定抗震救灾中，中信卫星及时提供了额外的亚洲九号卫星资源。通过亚洲九号卫星，地震灾害现场的图像、数据等被准确地传送给了应急管理部指挥中心，从而保证救灾指挥调度指令及时准确下达。除此之外，中信卫星还参与了 2008 年汶川大地震、2015 年天津滨海新区爆炸事故、2021 年郑州特大暴雨等重大灾害的应急通信保障任务，凭借自身优质的卫星带宽资源和优秀的技术支持，为我国的抢险救灾保驾护航。

中信海洋直升机股份有限公司（以下简称"中信海直"）作为我国通用航空领域的龙头企业，为解决行业通航难题，与中国电信、中国信通院等强强联合、自主创新，共同推出5G+卫星智慧通航方案。该方案是业内首个5G+卫星的海陆空一体化融合网络，采用自主研制的5G机载融合终端，支持语音、视频及报文等多项业务融合，通过全空域覆盖，让通航飞机达到"看得见、叫得到、控得住"的管控要求。而今，5G+卫星智慧通航方案已被成功应用至诸多场景，如：在城市应急中，可通过5G专网和光电吊舱，把现场高清视频回传，用以辅助应急指挥；在医疗救治中，可通过5G网络回传病患信息和数据，辅助远程诊疗，或通过卫星提供航路通信，提高应急救援速度与效率；在远海航行中，可通过卫星通信，实现语言通信和航迹位置播报，保障海上航行安全。

5G+卫星智慧通航方案不仅加快了低空通航标准的建立，促进通航产业规模化，还突破了通航信息化的行业瓶颈，助推通航产业资源共享，带动地方和国家经济发展。最为重要的是，该方案的科技完全自主可控，通过采用自主研发的通信设备和加密算法，从根本上确保数据传输和指挥调度过程中的信息安全。这不仅可确保系统的可靠性和稳定性，还可保护相关敏感数据的安全，为我国建成数字强国贡献力量。

中信集团勇于担当国企责任，积极推动我国网络安全、网络基础设施建设，在为国家安全奉献力量的同时，也让网络更好地服务于民、造福于民。

跑出科研"加速度"

科学研究是构筑企业科技力量，推动企业科技创新发展的基石。中信集团作为一家大型综合性跨国企业集团，在集团"十四五"规划中明确表示，要加大科技研发投入，在坚持科技自立自主的同时，加强科研合作与交流，并通过制定一系列的激励制度，激发集团科研创新活力，努力成为国家战略科技力量的重要组成部分。通过科学研究，增强中信集团的科技力量，让科技增效效用最大程度地发挥出来，助力中信集团更上一层楼。

科研需要人财物的投入

科技的发展离不开科研投入。不管是研发经费投入，还是人才投入，或是物质设施设备的投入，都是必不可少的，正如俗话所讲，天时、地利、人和三者缺一不可。毕竟，投入是前提，有了投入才会有产出。因而，为借助科技力量实现集团跨越式发展，中信集团在科研投入方面毫不含糊，持续不断地加大人、财、物的投入，从而提升集团科技创新水平，突破众多技术难题与关键领域，力争成为行业中的佼佼者。

研发经费是开展科研工作的前提。纵观世界优秀企业，无不把科技研发投入作为重要抓手，其目的不外乎为科技研发提供资金保障，支持研发人员研究出新产品、新技术、新工艺等，从而做到满足不断变化的市场需求，获得在市场上的竞争优势，增加企业经营综合效益。

2023 年 3 月，大连理工大学科技创新创业与产业转型研究中心发布《中国研发经费报告（2022）》（以下简称《报告》）。《报告》显示，经过初步测算，我国 2022 年的研发经费投入达 30 870 亿元，首次突破 3 万亿元大关，比 2021 年增长 10.4%，自"十三五"以来，已连续 7 年保持两位数的增长。[1] 再看我国头部企业在科研经费方面的投入，根据各家公司 2022 年年报，2022 年华为研发经费投入达 1 615 亿元，占全年收入的 25.1%；[2] 2022 年腾讯研发支出超 614 亿元，同比增长 18%；[3] 2022 年中国建筑科研投入高达 497 亿元，连续四年居 A 股上市公司首位。[4] 可以看出，不仅国家越发重视科研经费投入，我国的头部企业更是将其作为公司发展的一

---

[1] 央广网.去年我国研发经费投入首次突破 3 万亿元［EB/OL］.［2023–03–21］.https://baijiahao.baidu.com/s?id=1760961663888079529&wfr=spider&for=pc.

[2] 央广网.华为去年研发投入 1 615 亿元，占营收 25.1%，双双再创新高［EB/OL］.［2023–03–31］.https://baijiahao.baidu.com/s?id=1761877228353936442&wfr=spider&for=pc.

[3] 中国网.腾讯 2022 年财报：研发投入 614 亿元，增 18%，海外市场贡献游戏三成收入［EB/OL］.［2023–03–23］.https://baijiahao.baidu.com/s?id=1761123361941173024&wfr=spider&for=pc.

[4] 湖北长江商报.A 股公司研发投入 1.64 万亿，占全国比重超 54%，9 家国企研发投入 2 408 亿中国建筑居首［EB/OL］.［2023–05–12］.https://baijiahao.baidu.com/s?id=1765640968484234464&wfr=spider&for=pc.

项重要指标。因此，保障充足的科研经费，并让经费支持创造性活动，是进行科学研究的前提，更是企业发展的客观需求。

中信集团在研发方面也始终保持积极投入，致力于持续推动科技创新和技术进步。具体来讲，一是制定相关的规章制度，如研发投入在绩效考核测算利润时的加回政策以及相关科研经费管理措施等，为科研经费投入与使用提供明确支持，鼓励科研人员积极创新创造，激励子公司加大多元化投入，实施具有战略性、全局性、前瞻性的重大科技项目。

二是持续加大资金投入。仅 2022 年，中信集团在科技研发领域的投入就已超 100 亿元。2022 年年报显示，中信银行全年信息科技投入超过 87 亿元，较 2021 年底增长 16.08%，占营收比为 4.14%，重点投向云化基础设施、前中后台业务数字化、大数据研发等领域。中信戴卡全年投入研发费用突破 10 亿元，且每年投入不低于销售额 3% 的费用推动开展科技创新工作。[1]隆平高科全年投入研发费用超过 1.6 亿元，同比增长 17.14%，占营业收入的 4.03%。同时，整体来看，隆平高科的科技研发投入占国内同行业研发总投入的 10%。[2]见微知著，中信集团高度重视科研经费的投入，力争通过资金的支持，积极推动科技开拓创新，为成为科技型企业集团做出更多积累。

人才是进行科研实践的支撑。人才是第一资源，是企业

1 澎湃新闻.秦皇岛开发区：创新提升记［EB/OL］.［2023-08-07］.https://m.thepaper.cn/newsDetail_forward_24140573.

2 中国经济网.中信农业专注农作物育种和种业科技——用"芯"筑牢种业根基［EB/OL］.［2022-11-18］.https://baijiahao.baidu.com/s?id=1749787127250660050&wfr=spider&for=pc.

的核心竞争力。中信集团深入实施"人才强企"战略，坚持以人为本，信任人才、尊重人才、善待人才、包容人才，从管理人力资源向开发人力资本转化，配强班子、用好干部、盘活人才，不断加强人才队伍建设，以确保集团事业有源源不断的人才支撑。

一是不断加强人才培养，为科技增效夯实人才队伍建设基础。中信集团成立人才工作领导小组，召开人才工作会议，制定实施集团"十四五"人才发展规划。通过管培生人才库系统建设、优秀人才库建设等举措，着力培养中信科技领军人才和创新团队，大力培养熟悉金融知识、市场营销和科技运用的复合型金融科技人才。此外，中信集团还坚持利用自身产融并举综合优势，在为广大员工创造多元发展舞台和空间的同时，加强相互之间人员交流互动，搭建业务专业、职能通用的专业人才库，打牢人才基座。

二是大力引进优秀人才，助力集团在重要领域、重大项目以及关键核心技术方面取得突破，为科技增效创造条件。通过建立博士后工作站、科创园、人才公寓等举措，吸引人才、留住人才。

例如，建设博士后工作站，一方面通过提供专业的科研设施和实验条件、有竞争力的福利待遇、定期的学术交流和培训机会，为高层次人才搭建起良好的发展舞台、创造出广阔的发展空间，吸引大批人才进入中信集团；另一方面，加大博士后招收力度，并鼓励博士后参加国内外的学术会议，吸收行业内优秀的科研成果，建立国内外的专业交流合作，为中信集团积累更多科技力量。

又如，打造创新科技园区，既可以汇聚来自五湖四海的科研人才，形成高端人才聚居地，又可以激发大众创新热情，形成创新创造新高地，推动中信集团"产业＋金融＋科技"深度融合，实现科技增效。

解决"卡脖子"问题

自主研发是实现科技独立的前提和基础，可以推动企业创新发展、提升核心竞争力，在市场竞争中取得持续优势。中信集团坚持以国家政策为导向，以科技自立自强为出发点，加强核心技术研究，解决行业"卡脖子"问题，不断提升中信集团的科学技术水平，为国家相关领域科研攻关贡献中信智慧。

中信金属作为中信集团先进材料板块的优秀子公司，积极布局先进材料领域，提升公司在矿业领域的地位，以保障我国矿产资源供应安全，通过与国内外各大企业、研究单位及行业组织广泛合作、成立国内外创新联合体并创建产业链合作平台，积极推动我国铌科学技术不断发展，推动相关技术在高性能金属材料、磁性材料、电池中的广泛应用，以及铌资源的销售。

针对本世纪初国家能源发展战略的迫切需求，中信金属与管线钢上下游企业及研究单位合作开发含铌 X80 管线钢，全部实现国产化替代进口，实现了石油天然气管道用钢从跟随到引领的跨越式发展，保障了国家石油天然气能源战略实施和国家能源安全。所开发材料成功应用于西气东输二线、三线，以及中俄、中缅管道工程。

针对汽车轻量化技术和新能源汽车快速发展行业需求，中信金属整合国内外资源，形成一系列解决方案，实现了汽车用钢全部国产化，促进了安全性提升和轻量化发展，高强钢应用比例从20世纪90年代的20%提高到目前的60%以上，达到国际先进水平。在全球最权威学术期刊《科学》（Science）上发表论文揭示NbC（碳化铌）及晶界和位错的氢陷阱作用机理，为开发高抗氢脆材料提供了重要的理论和实验依据，为理解和改善高强度材料的氢脆性问题提供了重要的科学基础，对未来新材料开发和优化以及汽车工业材料运用具有重大指导意义。

中信金属持续跟踪、推进高性能桥梁钢的发展，先后联合上下游单位合作开发出含铌14MnNbq、Q370qE-HPS、Q420qFNH等划时代的桥梁钢品种，实现了进口替代，既有效支撑了我国铁路、公路桥梁事业的高质量发展，使中国桥梁建设整体技术处于国际领先水平，又支撑了"一带一路"倡议和国家高铁发展战略。

另外，含铌高性能钢也满足了建筑、机械、船舶、风电等行业快速发展对高端材料的国产化需求，中信金属所开发的含铌材料广泛应用于国家体育场"鸟巢"、国家大剧院、中信大厦等标志性绿色建筑，以及极地科考船"雪龙号"、"蓝鲸1号"、极地重载甲板运输船"AUDAX号"等重大船舶海工装备和超超临界火力发电等关键装备。同时，高性能含铌磁性器件和电池材料也开始批量应用于汽车、风光储、轨道交通等新能源领域，实现了产品的完全自主开发和供应。

三十多年来，中信金属在推动含铌材料开发和应用方面取得了显著成果，含铌高性能钢产量从当初的几十万吨发展到今天的9 000多万吨，有力地支撑了国家支柱产业和基础产业高质量发展对高端材料国产化的需求。同时，有四位国外专家因其对中国铌科学技术发展做出的卓越贡献先后获得中国政府友谊奖。

中信重工牢记"国之大者"，聚焦先进装备制造领域，致力于重大装备技术攻关及解决"卡脖子"的关键核心技术，在重大装备、重点材料、核心部件等方面创造出诸多拥有自主知识产权的技术，为打造难以复制的"硬科技"实力奠定了坚实基础。其自主研发制造的竖井掘进机成套装备，不仅为我国城市地下空间竖井掘进找到新路径、新办法，还可广泛应用于城市地铁竖井、深邃竖井、地下物流竖井、储油储粮竖井等场景，为我国解决城市空间需求矛盾提供了方法，是未来城市空间利用的有益工具。研发了具有自主知识产权的CHIC1000、CHIC2000系列重载型工业专用高压变频器，成功打破高压大功率变频器的国外垄断局面，促使我国重型装备转型升级，走向智能化，为我国走绿色发展道路和经济发展提质增效做出有益贡献。自主研发的新型蒸汽汽轮机组，装机速度快，设备重量轻，且采用卸荷槽、堆焊密封带、绳胶混合密封等新型技术，在提高发电效率的同时，解决了蒸汽汽轮机普遍存在的气缸、蒸汽室等漏气的问题，并达到国际先进水平，这既可以最大限度地实现资源高效循环利用，助力我国走低碳绿色发展之路，又可以大大减少我国有色冶金铅行业对国外的依赖，填补了相关领域的空白。

中信重工作为我国重型装备领域的重要力量，积极扛起科技自立自强担当，推进原创性技术攻关，为我国新型工业化、制造强国建设发光发热。根据中信重工 2022 年年报，截至 2022 年底，中信重工拥有有效专利 1 072 项（其中发明专利 336 项），软件著作权 221 项，主持和参与制定国家标准 107 项、行业标准 129 项。

中信银行着眼金融科技自主掌控，坚持推动金融业内关键技术研发，成功研发出具有完全自主知识产权的全新一代云架构信用卡核心业务系统——StarCard 核心系统，提高了信用卡系统的交易速度，并为信用卡中心的客服服务、营销支撑、信贷风险等条线全面提供不同场景的数据服务，这是中信银行坚持金融业核心系统自主研发的生动体现，也是中信银行持续以科技赋能金融业发展的优秀成果。中信银行还推出业内首个银行自主研发的司库管理系统——"天元司库"，在集成中信银行领先的交易银行生态化产品体系的同时，嵌入可满足国有企业需求的决策流程和统筹路径，从横向角度可实现业务、财务的一体化，从纵向角度则可实现子公司资产、负债、票据等财务数据的统一集中，通过系统数据的互通有无，助力中信集团做出正确决策，并为其他企业的业财一体化发展提供了中信智慧与中信方案。此外，中信银行还立足中信集团综合金融服务板块引领者的定位，自主研发出一系列业内领先的金融技术，为不断提升我国金融业的科技含量添砖加瓦。

中信集团坚持科研自主，不断从集团层面引导各子公司向着科技方向转型升级，推动集团走科技自立自强之路，取得科技创新成果质量双提升。2022 年全年，中信集团发布国际标准 1 项、国家标准 17 项，获授权专利 1 203 件，其中包括发明专利 424 件。科技领域的持续突破是中信集团科技增效的基础。

合作聚力共进步

搞科研，不能单打独斗，也不能闭门造车。中信集团在科研方面，不仅加强与国内的一些企业、政府单位、学术机构等的合作，还坚持"走出去"战略，在积极学习他人优秀经验与成果，增强自身科研实力的同时，以宽广的心胸，输出自身已有的科研成果，为其他企业提供"中信标准""中信样本""中信参考"等，从而寻求更多的国内外合作机遇，增厚自身科技底蕴，夯实自身科技力量。

加强战略合作交流，促进双方共同进步。2021 年 12 月，中信集团与中国国家铁路集团有限公司（以下简称"国铁集团"）签署战略合作协议，就推动中国铁路事业发展进行友好合作。双方深化信贷合作，共同推动铁路企业股改上市及上市铁路公司的再融资，拓展合作铁路融资租赁业务；加强新材料研发应用、关键零部件制造及铁路技术创新等方面的合作，加快我国铁路建设，提升铁路运输能力；探索在站城融合方面的合作，增强铁路综合开发水平，实现铁路生态、经济效益双提升。通过战略合作，中信集团与国铁集团实现优势互补、资源最大化利用，不仅拉动了区域经济发展，更为我国社会主义经济建设带来新动能。

2021 年 12 月，中信集团与海南省人民政府签署战略合作协议，在综合金融服务、农业渔业、大健康、城市发展等方面进行战略合作。同时，中信集团依托海南自贸港政策优势，积极布局海洋、医疗健康等新兴产业领域，推动海南产业转型升级。海南政府则依托中信集团深厚的综合资源优势，借助中信协同力量，促进海南地区经济与生态和谐共生发展，并积极推动民生工程建设，满足民之所需、民之所盼。

2023 年 2 月，中信集团与北京理工大学签订战略合作框架协议，双方紧跟国家战略方向，从企校融合、科技与市场融合以及创新与金融融合等方面开启合作，在拓展合作领域与合作内涵的同时，发挥双方优势，通过科技赋能服务国家所需。其中核心是加强智能金融板块建设，强化智慧校园建设、科技成果转化以及金融合作等，深化产学研发展模式，从而形成强大合力，助力建成世界一流企业、世界一流大学，打造出校企合作样本工程，促进校企共赢，推进社会主义现代化强国建设。

引进优秀科研成果，夯实自身科技底座。2020 年 7 月，中信重工研制的全新一代悬臂式硬岩掘进机——T3.20 成功下线。这是中信重工通过与河南中车重型装备有限公司签订技术许可协议、合作协议，引进德国 Wirth 技术全部知识产权合作创新研发出来的，达到了世界领先水平。其不仅采用了全球领先的截割破岩技术，而且各项技术性能指标卓越，智能化程度高，有着截割能力强，定位截割范围大、效率高，截齿消耗率更低等一系列优点，对开拓国内掘进机装备市场具有重要意义，也对我国各类工程隧道施工、城市地下基础设施建设、地下空间施工等具有重要价值。

输出自身已有成果，巩固交流合作基础。中信戴卡摩洛哥工厂是中信戴卡在中信集团战略指引下投资建设的重点项目。该项目成功将中信集团先进的铝合金车轮制造技术移植到摩洛哥。工厂的摩洛哥员工通过接受该项技术的培训，掌握了该项技术在汽车工业领域的应用，从而有效提升了摩洛哥汽车工业的产业技术水平。该项目还助力中信集团其他投资贸易活动落户摩洛哥，促进了中非经济合作，有助于提升"中国制造"的世界影响力。

中信集团在自身强化科技自主可控的同时，不断加大"走出去"力度，形成更多的内外合作联动。比如，中信建设与白俄罗斯合作开展白俄罗斯农工综合体三期项目，以玉米淀粉为原料，运用最先进的工艺和菌种，生产系列维生素和小品种氨基酸，是中白经贸合作中的又一典范，既填补了白俄罗斯在生物科技领域的技术空白，又为实现进口替代和产品出口创造了全新的价值。中信戴卡与通用汽车等合作，联手开发的锻旋镁合金轮毂项目，是首款 OEM（original equipment manufacture，原厂委托制造）市场为量产开发的项目，其采用的特有锻旋技术工艺显著提高了镁合金强度，相比于同尺寸锻旋铝合金轮毂减重超过 2kg，从整体上提升了驾驶体验。

此外，中信集团还积极利用自身专业特色与优势，与集团外部合作伙伴合作建立科研组织，并推动集团内部合作，建立科研机构，从而促进集团整体科研实力提升。

　　中信金控依托中信集团各子公司及"政、产、学、研"各方的研究力量与实践经验，牵头组建了科学研究机构——中信智库。这是中信集团以"实干型"为特征构建的智慧共享与实战链接平台，它以服务国家、行业、客户为方向，通过高端、专业及前瞻的研究服务，为金融、高端制造、能源化工、医药健康、房地产等领域的发展建言献策，既加强了与国内外顶尖智库的交流合作，又依据中信集团扎实的科技力量，展现了中信集团对相关行业、领域的看法与想法，力争为行业贡献"中信方案"和应用标准，还应用中信集团丰富的资源，提升了其"融资＋融智"的综合服务能力。截至 2023 年 7 月，中信智库已有专家 100 余位，涵盖中信证券、中信建投证券的首席经济学家、行业分析师，中信银行、中信信托、中信保诚人寿的业务专家及相关实业公司专家。[1]

　　中信集团通过加强内外合作为自身发展带来更多机遇，有利于增强集团的韧性和核心竞争力，也有利于实现集团经营效益提升，促进集团可持续发展。

1　中信集团.中信智库发布《人工智能十大发展趋势》［EB/OL］.［2023-07-07］.https://www.group.citic/html/2023/News_0707/2638.html.

深挖数据大价值

在当今数字化、信息化时代，谁掌握了数据，谁就掌握了主动权。观察今天人们的日常生活场景：你在外卖平台下单后，配送人员能准确无误地按照导航路线将东西送到你手中；你在购物网站搜索后，它会自然地根据你的浏览历史、购买记录等，个性化地为你推荐商品；站在公交站台等车时，你可以通过实时交通信息查看等待时间……而这一切都源自数据的支持和推动。再站在更宏大的角度来看，企业数字化平台的应用、政府掌上办公 App 的出现、全球数字化交易平台的上线等，更是离不开数据这一资源要素的支撑。毫无疑问，在这样的信息大爆炸时代，我们被数据包围了，它正成为人类日常生产生活中的关键性要素、经济社会发展的基础性资源，以及推动经济社会前行的重要动能。

自党的十八大以来，数字经济得到高度重视，并上升为国家战略。党的二十大报告明确提出要加快建设网络强国、数字中国。2022 年 12 月，《中共中央 国务院关于构建数据基础制度更好发挥数据要素作用的意见》（即"数据二十条"），提出构建数据产权、流通交易、收益分配、安全治理等 4 项制度，共计 20 条政策措施，初步形成我国数据基础制度的"四梁八柱"，为充分激活数据要素潜能，做强做优做大数字经济指明了方向。[1] 2023 年 2 月，中共中央、国务院印发《数字中国建设整体布局规划》，指出建设数字中国是数字时代推进中国式现代化的重要引擎，是构筑国家竞争新优势的有力支撑。[2] 建设数字中国成为"十四五"时期工作的重中之重，中国开始全面实施数字化转型。

　　所以，对企业来说，为走得更长远、更持续、更稳健，通过数据资源盘点，立足已有数据资源，挖掘数据价值，不但非常有必要，而且迫在眉睫。中信集团身处这样的大时代，要想不被湮没于历史浪潮中，就必须顺势而为，加强数据资产管理，提升数据应用能力，赋能"数字中信"建设。中信集团作为国有大型企业集团，践行国家战略是必然选择，也是实现高质量发展的重要引擎，更是创建世界一流企业的必由之路。

　　中信集团紧跟国家发展大势，在积极做好数据资产管理的基础上，于实践中不断锻造自身的数据能力。不仅加固了集团长远可持续发展的护城河，而且在数据力量的加持下，加速起跑，跑出了"中信速度"。

---

1 中华人民共和国中央人民政府. 中共中央 国务院关于构建数据基础制度更好发挥数据要素作用的意见［EB/OL］.［2022–12–19］.https://www.gov.cn/zhengce/2022–12/19/content_5732695.htm.

2 中华人民共和国中央人民政府. 中共中央 国务院印发《数字中国建设整体布局规划》［EB/OL］.［2023–02–27］.https://www.gov.cn/zhengce/2023–02/27/content_5743484.htm.

数据资产管理

信息是一把双刃剑。为了让这把剑最大程度地发出应有的价值,企业必须抓住数据这个牛鼻子,做好数据资产管理。

在数字化浪潮席卷全球的大背景下,数据已然成为一种重要资源,深刻改变着全球经济的运行机制及人类的社会生产方式,用数据助力企业决策与创新,已成为社会各界的普遍共识。而这离不开对数据资产的管理。

中信集团把数据资产的管理和运用当作数字化转型的关键,这也是增强企业核心竞争力的必然选择。一方面,加强数据资产管理顶层设计,构建切合实际的有效管理体系,引导数据资产采集、加工、使用等规范化、科学化,提升数据资产质量,保障数据资产安全;另一方面,积极建立数据资产生态,推动数据资产良好运营,从而促进数据要素流通,加速数据要素市场化。当然,这也是挖掘、释放数据价值的前提与基础。

为做好数据资产管理工作,尽最大可能挖掘、释放出数据价值,增加企业效益,中信集团按照"数据二十条"中关于"压实企业的数据治理责任""建立健全数据要素登记及披露机制"的指导意见,落实集团"十四五"数字化发展规划关于加强数据治理体系建设,摸清数据家底,建设集团级数据目录的要求,就数据资产管理工作做出科学规划与安排。

2023年1月,中信集团印发《中国中信集团有限公司数据目录盘点指引(2023)》,并相应出台《中国中信集团有限公司数据目录标准》《中国中信集团有限公司数据目录参考资料》，旨在通过下达文件的形式，要求子公司按照集团数据目标标准，有计划地完成本单位和下属单位数据资产盘点工作，摸清数据资产底数，形成本单位数据目录；子公司形成本单位数据目录后，与集团总部数据目录进行对接，形成全集团的数据目录；建立长效机制确保数据目录更新及时、准确，为数据交换共享和价值挖掘打好基础。同时赋予子公司对数据在安全、隐私保护、跨境、共享等方面的管理职责，建立"清单制"管理机制，从而形成从上至下的数据资产管理体系，发挥数据资源作用，助力集团实现降本增效。

根据集团要求，各子公司将数据分为管控型数据和经营业务型数据两大类，如图 3-1。同时根据"数据二十条"中"建立公共数据、企业数据、个人数据的分类分级确权授权制度"的指导意见，对管控型数据和经营业务型数据的主题域分类分级，依据分类分级进行数据资产盘点，加强数据分类分级管理。

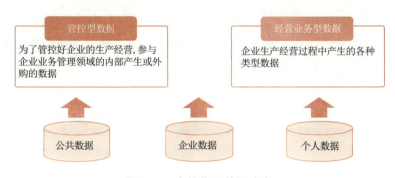

图 3-1　中信集团数据分类

依据数据分类分级基础，中信集团将数据资产盘点流程分"四步走"。第一步，数据资产主题域分类分级。子公司结合自身情况以及国家、监管、行业等的要求，可参考《中国中信集团有限公司数据目录参考资料》中"数据资产主题域分级分类示例"，按照应细则细、有限层级原则，逐级细化、分类编目，形成数据资产主题域分类分级。

第二步，数据目录编制。子公司应依据集团印发的数据目录标准和时间要求，结合本单位梳理出的数据资产主题域分类分级，制订包含盘点责任人、盘点内容、盘点时间等在内的盘点计划。当盘点计划确认无误后，再参考指引数据目录标准说明，对本单位数据资产进行盘点与目录编制，编制内容包括数据资产业务属性[1]、数据资产技术属性[2]、敏感数据保护清单[3]、数据资产共享清单和数据资产责任清单。之后，子公司建立数据资产审核发布机制，组织相关部门对已汇总、整理好的数据目录进行审核，在确保数据资产盘点内容的准确性和完整性的同时，将审核发布后的数据目录与集团总部进行对接。

第三步，数据目录对接。其对接方式有两种：一是系统自动化对接，可依据后续集团一体化数据架构和集团数据湖对接规范，将数据资产盘点结果，通过子公司数据平台、数

---

1 数据资产业务属性，从业务视角对数据资产进行描述，描述数据资产的业务定义及业务规则等，帮助理解数据的业务含义和使用规则，进而分析挖掘数据的业务价值。

2 数据资产技术属性，从技术视角对数据资产进行描述，描述数据资产的技术特征，帮助从技术层面对数据资产进行管理。

3 敏感数据保护清单，描述数据资产的安全属性，即数据资产的敏感度及安全管理信息，对数据资产按敏感度进行管理，确保数据资产按安全管理要求分类进行共享。

据系统或者数据管理工具等，与集团数据目录以增量的方式自动化对接。二是线上报送对接，即通过线上方式，由集团在数据报送系统中配置报送任务，子公司按集团要求在数据资产盘点后形成报送文件，以增量的方式完成定期报送。

第四步，数据目录更新。为提高数据目录的时效性和准确性，子公司应建立数据目录更新机制，以便及时对其进行动态更新与维护，包括对数据目录进行增量更新与版本更新，同时需保留所有版本信息及相关更新记录。并且，数据目录对接方式不同，其更新频率也不一样：采取系统自动化对接方式的子公司，至少按月与集团总部进行对接更新；采用线上报送对接方式的子公司，按照集团工作推进要求，至少按季度向集团总部进行更新报送。图 3-2 为中信集团数据目录盘点参考流程。

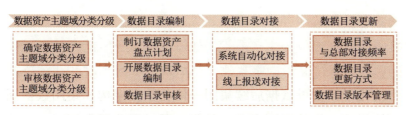

图 3-2 中信集团数据资产盘点参考流程

中信集团在数据资产盘点"四步走"流程下，不定期召开工作交流会，组织子公司分享工作经验，加快了全集团的数据资产规整与应用步伐，实现了对全集团数据资源的统筹管理与把控，为之后的数据共享创造了条件。

打造数据资产管理系统

2020 年 4 月，中共中央、国务院发布《关于构建更加完善的要素市场化配置体制机制的意见》，将数据定义为继土地、劳动力、资本和技术之后的第五大生产要素。[1] 2021年 3 月，国务院发布《中华人民共和国国民经济和社会发展第十四个五年规划和 2035 年远景目标纲要》，明确以数字化转型整体驱动生产方式、生活方式、治理方式变革，统筹数据开发利用，加快建立数据资源产权等基础制度和标准规范，完善分类分级保护制度。[2] 及至今天，国家更是把数据资产运用放到了战略性的地位。数据资产是企业发展的宝贵资源，是企业未来改善生产经营效率、提升企业价值的新动能。

中信集团早在 2016 年 8 月，就提出"互联网＋转型"战略，明确要求借助云计算、大数据和物联网等技术，培育由集团、子公司和客户共创共建、共生共赢的产业生态圈，并且强调数据要成为生产要素，通过数据服务赋能产业，是集团实现战略转型的重要基础，要把整个集团丰富的数据资产挖掘出来、聚拢起来，发现其中的价值，要丰富集团运营数据，促进产业发展，升级产业布局。2018 年，中信集团再次

---

1 中华人民共和国中央人民政府 . 中共中央 国务院关于构建更加完善的要素市场化配置体制机制的意见［EB/OL］.［2020–04–09］.https://www.gov.cn/gongbao/content/2020/content_5503537.htm?ivk_sa=1024320u.

2 中华人民共和国中央人民政府 . 中华人民共和国国民经济和社会发展第十四个五年规划和 2035 年远景目标纲要［EB/OL］.［2021–03–13］.https://www.gov.cn/xinwen/2021/03/13/content_5592681.htm.

提出以平台和数据服务助推企业资源和能力的在线化和数字化，大力促进产业布局升级。不难发现，中信集团早早意识到数据资产对于企业发展的重要价值与意义。这为现今中信集团打造权威、可信赖的企业级数据资产管理系统，推动数据资产价值释放与挖掘，实现数据产业化与资产化，带动集团降本增效做了很好的铺垫。

2022 年 11 月，中信集团启动数据资产管理系统建设，在借鉴行业先进实践经验的基础上，结合集团本身需求，构建起一站式数据资产服务与运营平台，打造集团数据资产服务生态，实现数据"可信、可用、好用"目标，持续提升集团数据资产的价值。

该系统包括数据资产内容、数据资产全景、数据资产维护、数据资产检索、资产标签、系统管理六大功能模块。通过这六大功能模块，集团及各子公司的数据资产实现了有效采集、整合；数据目录、标签目录等可多视角展示数据资产全貌，加之全量数据资产的快速检索服务及各资产间的关联关系展示等，提升了用户对数据资产的全方位把握与应用。

截至 2023 年 3 月，数据资产管理系统已更新迭代至 1.2 版本。未来，它将还随着中信集团的业务需求和实际情况的变化，以及技术的发展，进行不断升级，并开发更多个性化的功能，如图 3-3。

对中信集团而言，数据资产管理系统将成为业务人员的"数据资产超市"，通过该"超市"，业务人员可以根据需求，快速检索相关资产、识别出可用数据项，从而预先掌握数据

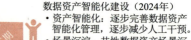

数据资产估值和流通
- 数据资产估值和流通：建立数据资产估值方法，对数据资产进行估值，探索数据资产流通交易机制。

数据资产智能化建设（2024年）
- 资产智能化：逐步完善数据资产智能化管理，逐步减少人工干预。
- 场景沉淀：共性数据资产场景沉淀，扩展资产标签体系场景建设，提升资产使用效率。

数据资产场景化构建（2023年）
- 系统优化：深度优化资产管理系统中资产搜索、资产地图功能等，并新增资产分析、工作流引擎、资产共享、数据安全等功能。
- 场景深化：完成集团内及子公司数据资产盘点。

数据资产管理系统建设（2022年）
- 系统建设：搭建数据资产管理系统，为数据资产管理提供系统支持，实现资产盘点、资产服务、资产管理等基础功能。

图 3-3　中信集团数据资产管理系统建设规划

资产质量，找准数据应用方向；该系统也可成为管理人员的数据资产运营平台，管理人员可通过对企业数据资产整体分布情况的了解，掌握数据资产价值，提高对数据的运用水平；该系统还可成为技术人员的元数据管理和血缘分析工具，不管是源系统技术人员还是数据库的技术人员，抑或是系统开发人员，都可以通过该系统快速对数据资产情况做出判断，获取数据资产的血缘关系，最大程度地挖掘数据资产的价值。

数据湖平台与数据集市

为兼顾中信系统功能扩充完善，提升系统实用性，实现"金融深化、实业跟上"的目标并推进集团数据治理，形成业务与管理数据收集汇总机制，提高数据质量，确保数据的完整性、准确性和时效性，2022 年 12 月，中信集团上线总部数据湖平台与数据集市项目。该项目采用云原生架构，基于湖仓一体建设理念，以云化部署方式构建集团总部和金控公司数据湖平台，通过物理和逻辑双重入湖手段汇聚多源异构数据源，支持金控数据集市建设，采用数据存储物理隔离的架构满足监管合规要求，全信创环境部署，并且在集市层实现数据入湖及治理要求、数据充分共享，从而释放数据价值，更好地驱动业务应用和创新。

总部数据湖平台实践"一体多面"理念，落实降本增效要求，通过对数据进行稽核、校验，并进行质量管控，实现对数据的全链路监控。同时，这个平台支持离线/批量计算、实时/流式计算、分布式计算，支持访问及处理结构化和非结构化数据，支持存算分离模式等，让中信集团各职能部门能依托其进行数据加工和数据分析等工作。

此外，在数据湖搭建总部数据集市[1]、金控数据集市[2]，既服务总部和中信金控，也实现对总部和金控数据的有效隔离，满足数据安全合规管理、使用的监管要求。此外，需关注的是，根据集团数字化平台1.0项目建设的统一要求，金控数据集市1.0项目在推动系统按计划上线的同时，还同步落实

---

1 搭建总部数据集市，即梳理总部数据情况，根据物理及逻辑入湖对接规范，通过入湖工具，将总部及子公司数据持续入湖，并通过数据治理管理体系对数据实施治理，为上层各应用系统和用户提供数据服务。

2 搭建金控数据集市，即支持金控公司及各子公司数据汇聚入湖和数据分层存储。支持全面风险、财富管理、财务、共享等职能领域的数据加工处理，为各系统实施项目组提供数据存储、数据开发、数据治理和数据共享等服务。

项目"制度上线"[1]和"组织上线"[2]要求。

2023 年 4 月，总部数据湖 1.0 阶段的建设已基本完成，2.0 阶段建设正式启动。总部数据已向数据湖平台迁移，总部数据集市基本成形。中信金控使用总部数据湖开展了财富管理、全面风险管理、共享中心、智慧办公的数据治理、共享和分析。通过总部数据湖向中国人民银行报送金控监管数据，金控数据集市 1.0 项目顺利验收，实现常态化运营，且 2.0 项目已经立项。

中信集团结合自身实际，从集团总部与子公司两个层面，通过数据资产盘点、数据管理系统建设以及数据入湖等，多举措推动集团数据资产汇总集合，实现了从人工化管理向数字化管理的转变。同时中信集团坚持价值增值、安全合规、量化评估等基本原则，把数据资产管理与数据治理紧密关联，并行开展相关数据工作，既促进数据资产使用和价值释放，实现数据资产保值增值，又通过对数据资产的管理和应用，反哺集团的投入、产出，促进集团降本增效。

锻造数据能力

2022 年 1 月，国务院印发《"十四五"数字经济发展规

---

1 "制度上线"，即金控公司数据集市建设沿用集团总部已发布的《中信集团总部数据共享管理规定》《中信集团总部数据安全管理规定》《中国中信集团有限公司个人信息保护管理办法（2022）》等制度执行。

2 "组织上线"，即集团数据湖平台由集团信息部作为责任单位负责建设和管理，金控数据集市由集团信息部作为责任单位负责建设和管理，现由集团数据处负责具体运营及运维工作。财富组筹建数据应用团队，负责财富数据集市建设，且需遵循金控数据集市管理及运营要求。

划》，这标志着我国数字经济发展的纲领性文件正式出台。根据该规划，到 2025 年，数字经济核心产业增加值占 GDP（国内生产总值）比重将提升至 10%，工业互联网平台应用普及率达 45%。[1] 数据已经成为新的重要生产要素，成为基础性和战略性资源。

中信集团对此保持战略性关注，在集团"十四五"数字化发展规划中明确提出，到 2025 年，要全面完成以"四个一工程"[2] 为核心的"数字中信"建设，如图 3-4。其中特别强调加强数据能力建设，以数据驱动提升"管理上云"和"应用绽放"两大行动成效，带动集团整体数字化水平迈上新台阶。

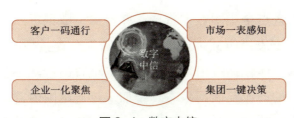

图 3-4 数字中信

因而，中信集团聚焦数据工作规划、数据标准制定、数据应用赋能、数据安全等关键领域，坚持以科技力量为支撑，持续升级锻造集团数据能力，力争促使集团数字化转型实现

---

1 财联社．中信建投武超则：2025 年中国数字经济规模或超 60 万亿，数字经济未来发展有五大关键点［EB/OL］．［2023-03-01］.https://baijiahao.baidu.com/s?id=1759123208630393063&wfr=spider&for=pc.

2 "四个一工程"即客户一码通行、市场一表感知、企业一化聚焦、集团一键决策。

新跨越，具体表现在以下几方面。

第一，规划引领，适时调整数据生产力和生产关系。锻造数据能力是数字化时代企业永恒的追求，从组织架构、战略规划、制度体系等方面为数据能力提升搭建顶层架构支撑，是企业集团引领数据汇集、挖掘数据能力的必然举措。中信集团结合自身发展战略、监管要求、信息化水平等，搭建组织架构，以适应数据资产管理需要；制订数据战略规划并确保战略规划有效执行及应时、应势修订；制定全面科学有效的数据管理制度，并根据监管要求和实际需要，持续评价更新数据管理制度。各子公司则根据集团一体化原则进行顶层构架设计。

不可忽视的是，中信集团早在 2016 年就新增设立了数据管理处来盘点全集团数据资产，并提出"数据资产是平台价值"的数据思维方式。同时明确以云平台连接所有子公司，以大数据一体化促进内部业务协同，培育出产融结合、具有中信特色的产业互联网生态。譬如，打造出国内首个采用云中介模式的数字化基础设施平台——中信云，推动中信集团系统架构云化转型率超过 74%，在同业中处于领先水平。构建集团 C 端（customer，消费者、个人用户端）生态协同平台——"中信优享 +"，深入开展与中信集团战略客户、各子公司间的协同合作，该平台累计注册用户数已破 1 亿。集团还建设数据湖平台和数据集市，推动全集团管理数据全量入湖、业务数据目录入湖，且提出金融子公司 2023 年入湖进度不低于 70%、2024 年第二季度全部入湖，非金融子公司 2023 年入湖进度不低于 50%、2024 年底全部入湖，形成集团级数据目录。通过多种平台生态的建设，中信集团的数字化转型步伐不断加快，且数据赋能效果越发明显。

第二，标准先行，推动数据开发和治理。中信集团通过借鉴外部经验与内部调研实际，主要从数据质量、数据标准、数据安全三方面入手，制定集团数据管理标准与制度，推动数据管好、用好的全链条开发与治理。在数据质量方面，制定数据质量管理目标，建立数据质量管理体系及实施机制，优化数据质量并持续改进，确保数据的真实性、准确性、连续性、完整性、及时性，满足数据应用的需求。在数据标准方面，在符合国家标准化政策及监管规定的前提下，明确数据标准的内涵和范围，研究相关技术标准与规范，建立覆盖全部数据的数据标准体系及管理机制，以支撑数据的标准化建设，保障数据在应用过程中的一致性，同时还确保数据标准有效执行。在数据安全方面，制定数据安全的管理目标、方针和策略，建立数据安全体系，划分数据安全等级，实施数据安全管控，持续提升数据安全管理能力。通过标准设立，中信集团有了比较健全的数据管理和应用依据，在推动数据价值被充分释放的同时，还助力数据治理管控手段和效率实现跨越式提升，让数据治理迈向规范化、标准化。

第三，科技支撑，夯实数据底座。锻造数据能力，离不开科技的支撑。中信集团围绕数据基础平台、数据应用服务、数据工具等关键领域，构建敏捷高效、安全可靠的科技支撑体系，持续夯实数据底座。首先，加强数据基础设施建设，搭建开放、协同、融合的多场景、高性能数据平台，打造海量数据湖和数据集市，以增强数据供给能力，从数据源头上解决集团的取数难题。其次，利用大数据、云及区块链等新兴技术，促成全集团数据应用服务一体化，实现集团总部与子公司数据的有效链接，提升数据时效性、便捷性。最后，持续丰富 BI（business intelligence，商业智能）工具、AI工具等数据应用工具，建设实用、高效、稳定和方便使用的数据应用工具体系，强化基础支撑能力。比如，中信银行于2023 年启动了一站式数据服务平台建设，打造集实时数据能力、数据可视化能力、移动驾驶舱能力与自助取数能力于一体的企业级 BI 平台。通过科技支撑数据底座建设，建立起符合监管要求，且以客户需求为中心的数据服务体系，打破数据各环节壁垒，让数据应用变得高效、透明、流畅，既方便企业人员应用数据开展业务，又可做到快速响应客户需求，争取更多发展机会与空间。

第四，做好数据应用，赋能数据价值释放。2023 年 4 月27 日，中国信通院发布的《中国数字经济发展研究报告（2023年）》指出，2022 年，我国数字经济规模达到 50.2 万亿元，同比名义增长 10.3%，已连续 11 年显著高于同期 GDP 名义增速。[1] 数字经济之于国家的重要性显而易见。而其中，不可忽视的一大核心要素是数据应用。

中信集团始终把数据应用放在关键位置，通过数据应用最大程度激发数据活力，助推集团提质增效。集团总部

---

[1] 新浪财经.中国信通院发布《中国数字经济发展研究报告（2023 年）》[EB/OL].[2023–04–28].https://finance.sina.com.cn/money/bond/2023-04-28/doc-imyrwuac4141164.shtml.

落地数据共享项目，从数据梳理[1]、管理流程优化[2]及数据治理[3]三方面入手，上下联动打破信息壁垒，达到集团管理瘦身、激发数据活力的目的。同时，集团以制度完善、系统建设及定期回顾等工作为抓手，多点发力，构建总部数据共享长效管理机制。集团还制定《集团总部数据共享管理办法》，补齐配套管理制度，确保财务数据共享有章可循；协调各部门与信息技术管理部共同制订数据共享技术改造方案和数据切换工作计划，通过定期核查和监督，跟踪系统改造进度，协同推进共享方案落地；建立财务数据共享情况定期回顾机制，按季度对共享事项查漏补缺并回顾落地效果，动态调整共享需求，推进形成数据共享长效管理机制。通过该共享项目，集团数据流通起来，汇聚成塔，从而让数据价值得到充分释放。

中信银行自主研发金融级分布式数据库，攻克分布式事务实时一致性控制与分布式隔离级别、高效可靠的容灾技术、全局一致的数据快照、不停服务的在线扩容、全局一致的备份恢复和分布式 SQL（structured query language，结构化查询语言）语法等多项关键技术，并且从功能开发到架构设计，充分考虑银行业务特点，涵盖结息、批量、多法人等业务场

---

1 在数据梳理方面，集团坚持刀刃向内做减法，全面清理"僵尸数据"和"低效数据"，系统梳理数据收集和使用情况，制订数据清理及共享方案。

2 在管理流程优化方面，集团秉持"让数据多跑路，让业务少跑路"原则，理顺数据报送及共享流程，优化财务数据共享管理，初步实现总部15个系统横向联通，做好数据推送衔接，保障数据共享通道畅通，提升信息资源使用效率。

3 在数据治理方面，集团通过标准化管理夯实数据共享基础。开展数据资产盘点，规范数据管理，并编制完成财务数据字典和数据资产目录；立足数据治理基础工作，统一数据标准，搭建集团核心指标库。

景。在 3 亿客户、15 亿账户的数据规模下，30 台普通 ×86 服务器，每秒交易量超过 40 000 笔，平均响应时间为 104 毫秒左右，并可通过增加服务器设备横向扩展，进一步提高性能。该数据库在满足金融业务对数据库一致性、安全可靠性、高性能等要求的同时，完成核心系统向分布式架构转型，推动我国银行业摆脱对国外商业数据库的依赖，实现核心银行系统自主可控。

第五，保障数据安全，筑牢集团发展底线。数据安全是数据应用和价值释放的前提，更是集团长远发展需恪守的底线。中信集团高度重视数据安全工作，从制度层面、技术层面及安全合规层面入手，制定数据安全的管理目标、方针和策略，建立数据安全体系，划分数据安全等级，实施数据安全管控，持续改进数据安全管理能力。具体而言，从制度层面看，发布《中国中信集团有限公司信息安全管理办法》，将其作为全集团信息安全工作指导性文件，提出针对数据全生命周期建立数据防泄露和应急响应机制等要求，并陆续发布《中国中信集团有限公司总部数据安全管理办法》《中国中信集团有限公司总部数据共享管理规定》《中信集团敏感数据安全管理技术规范》等配套规定，明确、细化数据分级分类原则、流程以及具体防护要求等。

从技术层面看，总部统筹建设集团级网络安全运营中心，形成面向全集团的数据安全保护能力，快速补齐子公司防护短板，强化数据保护；通过部署终端数据安全管控系统，实现桌面水印、主机行为审计、USB（通用串行总线）设备管理、文件外发审计等安全功能，管控来自网络和移动存储介质等方面的安全风险，防止数据或敏感信息通过办公网络或办公终端被违规外泄，进一步提高阻断和追溯能力，防范敏感信息通过拍照、截屏等不可控手段被泄露；通过部署终端保密检查系统，实现针对敏感数据违规存储、转发等数据安全事件的预警通告，分级检查、随时抽查、追溯取证等功能进一步加强了总部办公终端保密管理。

从数据合规层面看，中信集团多次针对网络安全法、GDPR（General Data Protection Regulation，《通用数据保护条例》）、个人信息保护法、《数据出境安全评估办法》等国内外数据安全法律法规，面向子公司组织开展合规评估工作及专业化培训宣贯，以提升子公司的数据安全水平及合规管理能力。

这些数据工作方面的顶层设计，为中信集团锻造数据能力，推动科技增效，打下了坚实的基础。

第四章

精益增效：
精益管理流程，提升运营效率

精益求精，实现"质量"与"效益"双提升。

"精益管理"是源自丰田公司精益生产的一种管理哲学，其核心理念是"杜绝一切无价值活动，尽可能地用最少的投入，创造出最大的价值"。随着时间的沉淀与打磨，精益思想被广泛应用于企业生产管理活动的各领域和各环节之中，促进运营效率持续提升，资产质量稳步向好，风险底线有力夯实，成为价值创造的关键抓手和不竭动力。

　　精益理念与中信集团推动落地的"开源节流、降本增效"专项工作高度契合。精益增效更是五维增效中必不可少的一环，它通过精益生产、精优采购、精细管理、精准化险等系统性举措，助力集团实现少投入、低耗费、多产出、高质效，在复杂多变的外部环境和日趋激烈的市场竞争下不断激发活力、释放潜力、增强动力，推动集团经营业绩攀上新的高峰，使集团在高质量发展和做强做优做大过程中迈上更高台阶。

生产之事必在于精

精益化生产的基本思想可以用一句话来概括，即"Just in time"，用中文表达就是"只在需要的时候，按需要的量，生产所需的产品"。"精"在于多余的生产要素不投入，"益"在于所有经营活动都应该有效益。要达到这两点要求，企业就要通过优化生产流程，减少时间、人力、物料等的浪费，来达到提高生产效率与生产质量，有效节约成本的目的。

中信集团通过技术标准制定、生产工艺改进、新工艺推广应用、强化项目成本管控以及优化供应链规范运作等举措，推动精益生产落地实践，引领企业打牢根基、提质增效，推动实现集团利益最大化，保证集团行稳致远，进而有为。

实施"三化"行动

在小农经济和手工业生产时代，人们都是凭着自己的经验去管理生产的。当机器取代手工，人们就想用越来越少的投入获取越来越多的产出，实现成本最优、质效最高。那么如何实现呢？经过实践摸索，人们给出了答案——制定一个行业通用的参考，实现产品的大批量、大规模生产。由此，标准化成为工业企业生产中的重要因素，尤其在追求精益化生产的路上，企业更是强调要有一套行之有效的标准、流程、规范等，以便为企业精益化生产保驾护航。

中信集团尤其强调标准化、规范化、科学化生产，不管是产品样式设计，还是生产操作流程，都有规范化的科学标准作为参考。中信重工的"三化"行动，就是在精益增效理念下，针对生产标准化而实施的。

为实现产品批量投产，推动生产模式向"离散型制造 + 连续化生产"转变，中信重工决定开展以通用化、模块化和标准化为主要内容的产品设计理念优化，以减少设计和工艺准备时间，缩短技术准备周期，从产品设计环节实现降本增效。图 4-1 是中信重工转向节夹具的标准化与模块化示意图。

图 4-1 中信重工转向节夹具的标准化与模块化

"三化"行动的落地，为批量化生产和预投产创造了有利条件，从而使得中信重工生产的矿用磨机、提升机、回转窑、辊压机、破碎机、立磨等核心产品均在行业中处于领先地位。由此，中信重工不仅产品竞争力得到大幅提升，而且产品生产周期缩短，大大降低了生产成本，提高了生产效率，为其发展注入了新动能。

以大型矿用磨机为例，这是中信重工的拳头产品，在突破设备大型化的过程中，中信重工逐渐掌握了大型矿山装备的高端技术，站在了行业顶峰，其磨机在国内的市场占有率达85%以上，"十三五"期间，累计创收约64亿元，中信重工被中国工业和信息化部以及中国工业经济联合会认定为"制造业单项冠军示范企业"。

由于大型矿用磨机是矿物加工领域的关键设备、能耗大户，加上不同矿山的矿物性质千差万别、国际化进程中使用英制转化规格等，不同客户的要求存在差异性，造成矿用磨机具有很强的非标定制特点，因而不同设计者的设计结果也存在差异性，这就导致中信重工磨机的型号规格达350多种，并且仍有新的规格不断涌现。

组成磨机的机械系统、电气系统和液压系统等部件繁多，加之传动方案、支撑结构、配置方案等的不同，其组合更加纷繁复杂，造成了产品技术准备周期拖长，生产工艺重复设计，响应客户需求的速度慢，严重影响了中信重工的生产组织和生产力布局。对此，中信重工积极进行技术探索，通过系统顶层设计，以标准化共同体为基础，全面践行"三化"理念，由粉磨装备所联合行业标准化研究所、齿轮装备所、电气自动化所、液压润滑技术所、加工工艺研究所、采购部和信息技术中心等多个部门，相互配合、协同推进，力争最大程度挖掘和优化可通用化、模块化和标准化的零部件，有效推动加工工艺的编制标准化、生产管理的信息化、离散制造的生产连续化。

通过"三化"行动，中信重工大型矿用磨机约80%的零部件已被标准化或系列化，平均一台磨机产品设计周期缩短30%，设计和制造环节差错率大幅下降。对于矿用磨机核心部件大齿轮，中信重工结合多年现场实际使用情况，采用国际最先进的开式齿轮强度计算标准深度核算，并统一规整与优化结构参数，将其由原来比较混乱的约96种调整为系列化的50种，通用化率超80%；小齿轮轴组轴承座由60多种优化至15种，通用化率高达90%；液压润滑技术所配套的液压润滑站也由原来的120个型号整顿减少至25个，通用化率高达80%。如此种种，通用化、模块化和标准化的精益生产理念带来了显著的降本增效成果，为中信重工转型发展奠定了坚实基础。

同时，中信重工还在"三化"行动中，通过运用参数化设计，重新整合原有的工作流程，率先通过三维设计软件Inventor与企业的"三化"工作进行对接和融合，推进三维参数化设计，提高了产品开发效率和设计结果的复用率。

除推动产品标准建立外，中信集团还积极开展对标提升行动，深入分析标杆企业的先进实践，找出自身经营不足，取长补短，分类施策，进而通过设置对标关键指标或特色赶超指标等，推动集团及各子公司向优秀企业看齐，力争在对标行动中实现立标、达标、创标，不断提质增效，增强自身核心竞争力。比如，中信泰富特钢在全球经济下行压力加大的情况下逆势而上，这很大程度上得益于其把降本增效理念融入了公司发展的方方面面：在铁前、炼钢、轧钢各生产环节加强对标，通过对标降本来持续提升产品质量；开展行业对标，进行鼓干风机高压节能改造、炉罩风机永磁调速改造、低压电机和普压泵节能改造等多项设备节能改造，以实现最大程度节能；开展业内对标，通过优化脱硫消化器加水控制、制定适宜的热工参数降低煤耗、优化停产降温方案降低停产期间电量损耗等降低能耗浪费，深挖企业最大潜能。图4-2为中信泰富特钢对标消差示意图。

图4-2　中信泰富特钢对标消差示意图

生产标准化是精益化生产的生动表现之一。俗话说"不以规矩，不成方圆"，中信集团的实践证明，在生产过程中确定相应的规范、标准、流程，让生产活动有一个参考，不仅能提高生产效率，还能保证产品质量，促使企业以"精益生产"按下提质增效"加速键"。

工艺精进与推广应用

要实现精益化生产，离不开对工艺技术的探索追求以及对新工艺、新技术的推广应用。工艺精进与推广应用是企业创收、降本、增效的客观要求，不仅对提升企业的产品质量至关重要，而且深刻影响着企业生产的物耗、能耗、效率和效益。换句话说，中信集团要成为国内领先、国际一流的综合性企业集团，必定要紧跟经济社会发展趋势，积极推动自身转型升级，坚决落实"过紧日子"的要求，将集团精益生产向纵深推进。在降本增效过程中，工艺精进与推广应用是关键因素，直接关系着中信集团投入的各种资源在生产过程中的利用效率，甚至决定着企业经济效益的优劣。为实现精益增效，中信集团从内外因角度出发，高度重视并大力推动工艺技术的升级换代与实践应用。

中信泰富特钢贯彻精益生产理念，以问题为导向，以持续改善为目标，不断提升工艺水平，加强对新工艺的推广应用，以提升自身的核心竞争力，推动公司走好降本增效之路。其旗下大冶特钢作为我国特钢生产基地，是通过工艺降本增效的大户。多年来，大冶特钢围绕"高质量、低成本、快节奏、优服务"生产方针，全面优化工艺参数、改善技术指标，持续开展工艺攻关工作，力争为客户提供多规格、多品种、高品质的特殊钢产品及整体服务方案。其中，转炉厂三台连铸机氢氧切割项目通过工艺精进，使氢氧切割全面取代丙烷气切割。氢氧焰燃烧热值高，切割速度较丙烷气切割提高 50mm/min，割缝和凹坑参数均满足要求，且干净无烟，达到安全可靠、节能降耗、优化能源结构、清洁环保、提高切割效率的目的，和传统的技术形式相比，可节约能源成本 0.41元 / 吨钢，全年可节约资金 119 万元。

中信泰富特钢青岛特殊钢铁有限公司（以下简称"青岛特钢"）在改进工艺技术过程中，节能降耗与突破创新齐头并进，研究制定多项降本措施。其中，通过深挖内部潜力，持续攻关，突破了高炉大粒度焦末代替焦丁、烧结矿配比达到80%技术瓶颈，开发了巴西块代替PB块（皮尔巴拉混合矿）、智利球和巴西球代替江都球等新资源，解决了压缩空气用量大、烧结矿内返率高等问题，优化了烧结料层厚度、高炉装料制度等工艺流程。

另外，中信泰富特钢还先后通过转炉合金模型优化计算，增加合金比价模型程序，对合金加入对钢水主元素和残余元素的影响进行测算，自动选取符合条件的合金，达到元素接近目标成分、其他元素不超过钢种的要求，从而少加高价合金，提高低价合金的使用量，降低精炼冶炼合金成本约382万元。通过优化生产工序，联动降低生产成本，如通过调整转炉渣料、降低转炉渣量，降低转炉终渣，从而降低钢铁料流失；通过连铸回渣，有效利用铸余钢水，发挥板坯生产成分设计相近的优势，进行异钢种混浇，实现降本216万元；通过电极喷涂技术和生产不过精炼钢种，降低电极消耗和电耗。通过在生产工艺中应用新材料来实现降本，如用钛矿代替钛铁线——炼钢前期大部分含钛钢种都需要在精炼后期喂入钛铁线，通过转炉出钢加入钛矿，可减少精炼后期喂钛铁线量，实现降本196万元；在保证钢种质量不受影响的前提下，精炼使用成本较低的铌砂代替铌铁，降低合金成本，实现降本224万元。

除中信泰富特钢进行工艺精进，实现降本增效外，中信集团其他子公司也先后根据自身客观情况，不断升级技术工艺，以精益生产力促提质增效，谱写高质量发展新篇章。例如，中信戴卡通过工艺改进与推广，积极推动精益生产、节能降耗。以一号线涂装工序为例，针对过去枪位低、静电花大、上粉效率低、模块老化漏风等问题，涂装工序通过工艺改进，如将枪位高度规范定量至 25cm、静电源由 40kV ～ 60kV 稳定至 50kV、亮粉由 4 把喷枪涂改为 3 把喷枪涂、空气百分比由原 50% ～ 60% 稳定至 55% 等，在满足质量要求的前提下，实现能耗降低 10%。

渤海铝业积极推动四大生产车间技改项目，先后通过改进熔炼炉、铸盘改造，让单炉产能平均提升 41%；通过氧化单梁夹具数量改变（由原来的 125 个增加到 140 个），提升产能 14%；通过板式换热器改造，提高热交换效率，节约用电量 3%；自动线极限加工尺寸拓宽改造 18 条，新装 3 条，替换 4 条，增加自动长度检测装置，极限加工定尺由以前的 2.1m×1m 升级到 2.5m×1.3m，大大提高了生产效率。

中信资源不断推广应用新技术、新工艺，实现技术降本创效，如：用水循环加热和化学降黏技术替代电缆加热降黏技术，吨液单耗下降 30.5%；利用双层筛管防砂技术，延长防砂有效期；引入纳米级无机增强剂，减少堵水措施中聚合物和交联剂的用量，年采用新型堵剂堵水施工 16 井次，合计可降本约 73 万元；用氮气压锥、调剖热采替代化学堵水热采技术，节省了措施费用，减少化学堵水费用 270 万元。

对企业而言，推动生产工艺精进、加强新工艺技术推广应用，不仅与经营效益息息相关，更直接影响着企业的长远发展。中信集团积极利用改善自身生产工艺、优化工艺流程与参数、引进新的生产工艺等举措，有力有序达到了精益生产、降本增效的目的，于自身、于同业都起到了一个典型标杆的作用。

项目全生命周期管控

中信集团紧跟国家战略部署，新型城镇化板块重点聚力于国家重点发展的城市群和相关区域。在此类业务中，推动精益化生产，实现开源节流、降本增效，对生产项目进行全生命周期管控尤为重要。为此，中信集团新型城镇化板块下属各子公司，如中信建设、中信城开、中信环境、中信和业等，都高度重视，并以生产项目的全生命周期精益管理为抓手，在降本增效方面取得了积极成效，也增强了各子公司的综合实力。图4-3为中信城开的全生命周期成本管理示意图。

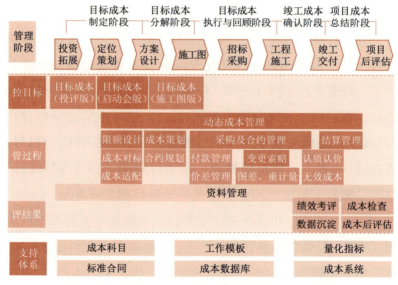

图4-3　中信城开的全生命周期成本管理示意图

以中信建设为例，作为中信集团新型城镇化板块的代表性子公司，中信建设已发展成为具有承揽国际国内重大工程实力的综合服务商，多年在 ENR（*Engineering News-Record*，美国《工程新闻记录》）发布的 250 家全球最大国际工程承包商排名中跻身前列，先后成功建设了中国国家体育场（"鸟巢"）、阿尔及利亚东西高速公路、安哥拉社会住房等具有国际影响力的大型项目，得到业界广泛认可和称赞。

近年来，面对激烈的市场竞争，为突破困局，中信建设积极谋划，将经营压力变为推动高质量发展的动力，以多项目齐发、全生命周期精细化管控为手段，将精益理念融入项目全流程、各环节，扎实推进"开源节流、降本增效"专项工作。

在市场开发阶段，国内外环境发生深刻变化，面对一系列新机遇、新挑战，中信建设审时度势，提前介入项目策划及税务咨询等工作，评估后发现部分项目市场风险较高，立刻暂停，以此压降市场开发费用。在项目实施阶段，中信建设以项目策划书为抓手，提升精细化生产水平，从设计方案优化、采购成本管控、管理费用压降、临建方案调整、施工流程优化等方面，对项目进行动态监控、动态调节，严格控制项目成本，提高毛利率。在项目收尾阶段，中信建设积极与分包单位核实工程量及结算额，以项目周期工程量为基础进一步谈判分包价格，压降分包成本，提高利润率水平；加强应收账款清收力度，理清项目债权债务关系，分析逾期债权、分包超付、拨备计提等情况，夯实项目利润。在项目全生命周期管控过程中，自始至终把"精益增效"理念和行动落到实处，夯基垒台，积厚成势，凝聚成推动企业高质量发展的强大力量。

首先以南京科创基地项目为例。该项目建设期为六年，分三期完成。中信建设从优化技术方案、调整工作方法、强化项目管理、细化成本分析、抓好业务落实等多方面着手，在确保项目工程质量、安全、进度的前提下，通过土方平衡阶段减少土方外运及回填等精益管理方式，有效实现节流降本。项目准确计算回填土方，选择优质土做好预留，以此减少回填土方回购；合理利用二、三期工程施工时间错位的条件，把回填土预留至二期、三期场地内，减少了土方外运量，以此节约土方外运和回购费用；因南京江北新区辖区内已无就近的弃土场区，所有的工程渣土需外运至 30 公里以外，项目合理利用社会资源，将土方外运至周边其他项目用地，降低土方实际外运距离约 25 公里，减少了土方外运费用。

其次是临清高速项目。在该项目中，中信建设通过转变乳化沥青加工方法、自采碎石、洞渣加工碎石等精益化施工方案，优化资源使用效率，严格控制增量成本，实现质量效益双丰收。沥青被广泛用于项目透层及粘层中，其质量的好坏，影响路面施工质量。目前沥青加工方式主要为工厂化加工，加工好后再运输到现场，为实现沥青加工过程质量可控，并降低成本，该项目将沥青工厂化加工改为现场加工，并要求加工分包商配备先进的乳化沥青加工设备，同时在现场设立试验室，随时监控质量，控制好配比。其好处在于一方面使质量得到随时监控，防止后期施工中产生路面病害；另一方面能控制好配合比，有效降低乳化沥青加工成本，从而实现质量可控，降低成本。为处理开挖过程中产生的大量洞渣，并变废为宝，该项目将满足质量要求的洞渣加工成碎石，用于混凝土及路面施工，并创新定制一套移动式破碎机，在隧道洞口就近将洞渣破碎为碎石供施工使用。通过种种举措，临清高速项目取得较好的效果，不仅提高了施工质量，降低了后期维修成本，还实现了资源的有效利用和成本节约。

最后是伊拉克米桑联合循环电厂项目。在该项目施工过程中，由于新冠疫情严重，中信建设项目团队面临着用工困难、交通不便、原材料入场难等一系列难题。面对恶劣的外部环境，中信建设在项目全流程中，有效组织资源力量，通过科学调配、合理安排，在稳步推进施工进度的同时，多措并举积极落实降本增效要求。为解决物资难题，中信建设在项目中明确岗位责任，建立 PIC（person in charge，负责人）岗位管理制度，保证材料采购全流程高效进行；结合项目自身特点，确定统一采购合同模板，提高合同谈判签约效率，合理规避合同执行中的风险，并在工作实践中不断提高采购合同管理标准化和规范化程度，提升采购管理水平。在现场施工环节，中信建设通过岗前培训提升当地雇员的技能水平，实行班组化管理，明确工作职责，完善奖惩措施，降低了从国内调配人力资源的压力；通过动态工序调整优化配置施工机械，最大化利用资源，降低施工成本。与此同时，中信建设还通过优化 EPC（engineering procurement construction，工程总承包）合同条款，构架了按里程碑模式收款等措施保障现金流回收，在减少项目资金压力的同时，为公司整体资金运作提供了有力支持，极大地节约了资金成本。通过对项目工程全生命周期的精细监控，在坚持疫情防控的前提下，伊拉克米桑联合循环电厂项目实现安全生产不停歇，创造了一天也不停工的壮举。该项目成功的防疫经验和施工组织经验已经成为中资企业在伊拉克的典范。

项目全生命周期精益管理就是系统地使用各种技术和方法，使管理人员能够以最低的资源耗费，交付最高质量的成果效益。中信建设聚焦项目全生命周期，利用精致、精细、精益思维，通过科学合理的流程管控，极大地节约了成本，并取得了良好的经济效益，这为中信集团其他子公司开展"开源节流、降本增效"专项工作提供了新的思考方向和行动借鉴。

采购流程必在于优

　　随着全球经济贸易及互联网技术发展，企业竞争由过去单个企业在产品质量、性能方面的竞争，逐渐演化为企业供应链的竞争。搭建一个完整的供应链系统，并让该系统的各个环节实现恰到好处的连接，可以帮助企业提升生产效率、降低经营成本，提高产品质量和服务水平，最大限度地保障企业利益。这也是越来越多的企业提出重塑供应链，强调打造科学合理供应链的重要原因。

　　通过精益化生产实现开源降本、提质增效，供应链是其中必须关注的一环。为此，中信集团鼓励各子公司根据自身供应链现状，结合供应链上下游实际，寻找新的着力点和突破口，促进集团实现从增长到增效的转变，在高质量发展道路上行稳致远。其中，在采购环节、库存环节积累了尤为丰富的、优秀的实践经验。

采购规范化

采购是保障企业正常生产的前提，没有采购，企业就没有物资，生产也就无从谈起。中信集团重视采购在集团整体运作中的作用，推动采购规范化、精益化发展，并坚持向采购要效益。

一是注重采购模式创新，最大限度优化成本管控，落细向成本要效益理念。中信泰富特钢根据业务发展实际，创新推出基差点价采购模式与远期锁价采购模式，大大节约了成本。基差点价采购模式是一种结合期货与远期现货的新型采购模式。该采购模式可以用点价合约代替长协及现货采购，规避汇率变动相关风险；规避到港时间的不确定性，增加港口货物可获得性；签订点价合同后，可根据市场判断随时在市场低位锁定价格和数量，不用担心市场低位采购资源不足的情况。

远期锁价采购是一种结合新加坡远期美元价格与远期浮动价期货的新采购模式。企业可以使用远期美元价格对自有长协美元资源进行固定价锁定。可与钢材销售订单联动，锁定远期部分钢材利润；可在远期市场大幅回调中择低锁定远期固定价格，控制远期月份的采购成本；可在远期美元价格贴水较大，且远期月份判断为旺季的基础上，进行换月操作。中信泰富特钢通过这两种新型采购模式，牢牢掌控了采购成本，对集团整体降本做出有益贡献。

二是规范采购管理体系，最大力度提升采购质效，落实精益增效管理举措。中信银行充分结合公司内部机构设置与采购业务特点，于 2013 年底设立独立的集中采购中心，逐步建立"统一管理、两级操作"的集中采购管理体系，涵盖需求计划管理、采购执行管理、供应商管理、采购质量监督、质疑投诉处置、考核评价管理和廉洁自律管理的制度体系，为规范采购行为、提高采购效率提供了全方位的制度保障。集中采购项目全流程纳入全面风险管理，实现三道防线联防联控，借助"汇法网""信用中国"等第三方数据，有效提升供应商审核质效。通过集中采购管理体系建设，中信银行可以借助采购规模压降采购成本，在系统优化采购管理体系过程中提供了有力借鉴。

中信环境推行"集中化采购、专业化评审、规范化管理"的采购管控机制，即重新梳理采购业务流程、整合管理组织架构、重新划分管理界面。水务采购部对集采目录、审批流程、物流运输等进行集中统一管控；项目管理部、运营管理部和采购部分别对工程、服务和货物进行专业化归口管理；在库存物流方面，通过协调子公司共享供应商、价格、库存等信息，初步建立物资调拨机制，提高库存物资的周转率。另外，中信环境还统计历史数据，制定集采目录。以药剂采购为例，中信环境汇总分析药剂采购记录，并通过对药剂品种规格、采购使用量、药品标准性、技术难度等的多维度综合分析，挑选出既能保证生产需要，又能实现集中采购的药剂品种，编制集采目录。同时，中信环境以年度预算和生产经营计划为依据，结合市场价格波动，通过适时调整集采周期，汇总需求集中采购等方式，实现采购多数量换取低价格。中信环境对采购管控体系机制的有效运用，在合理范围内压降了采购成本，推动采购业务整体实现了降本增效。

三是优化采购流程，最大程度砍掉多余成本。中信重工旗下的漳州基地等通过与直供厂家直接谈判合作，避免了代理商从中谋取暴利，实现了产品价格的大幅下降，大大节约了采购成本，既保障了公司利益，又开拓出节流降本新渠道。

四是建设采购系统，实现利益最大化。中信信托建立"财务管家系统"，融入预算管理、采购招标、费用报销、付款、固定资产管理、无形资产管理、商旅服务、发票服务、影像服务（OCR）、费用归集分析、银企直联等功能，尤其将采购流程作为一个标准化模块嵌入费用管理流程及系统中，完成费用从形成到支付结果的全周期管理，有效节约了过程管控成本，不仅缩减事前、事中、事后的非必要耗费，也大大提升了管理效率，使精益增效理念扎根于采购系统。财务管家系统采购模块与经营预算费用模块逻辑映射关系如图4-4所示。

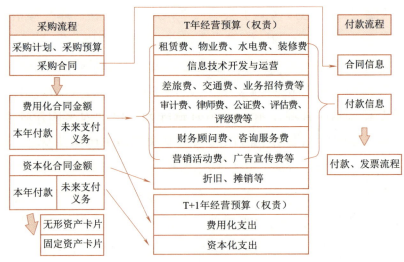

图4-4 财务管家系统采购模块与经营预算费用模块逻辑映射关系

采购管理是企业价值链管理的核心环节，对企业盈利能力提升和核心竞争力形成的作用日益凸显。中信集团各子公司持续规范采购管理体系、推进采购集约管理、推动采购信息系统建设，既有力促进了企业阳光运行、规范运作，也在采购管理各环节打出降本增效的"组合拳"。

"零库存"目标

2022 年，艾利丹尼森发布的全球调研报告《蒸发的数十亿：供应链浪费的真实成本》中指出，有近 8% 的库存由于过期或生产过剩而被弃置，这对企业造成的负面影响约为年利润的 3.6%。[1] 可见，在企业供应链环节，科学合理的库存管理不仅可以减少不必要的浪费，还可以增加企业的经营利润，是企业精益增效的一把利刃。因而，对本质上追求价值最大化的企业而言，探索优化精益库存管理办法，进而推动降本增效势在必行。

中信集团作为涉足领域广泛、子公司众多的大型跨国企业集团，基于自身庞大体量，明确指出集团及各子公司要高度重视库存管理，系统总结有益经验，以助力集团整体实现降本增效，推动中信在高质量发展之路上蹄疾步稳。"去库存、降占用、提效率"是中信集团摸索出的极为宝贵的实践经验。

---

1 澎湃新闻.观察｜全球生产过剩和浪费加剧供应链危机，近 8% 库存被浪费［EB/OL］.
　［2023–01–31］.https://baijiahao.baidu.com/s?id=1756541412927477926&wfr=spider&for=pc.

　　"零库存"是一种特殊的库存概念，它并不等于不要储备和没有储备。所谓"零库存"，是指物料（包括原材料、半成品和产成品等）在采购、生产、销售、配送等一个或几个经营环节中，不以仓库存储的形式存在，而是均处于周转的状态。对企业来说，实现"零库存"，可以降低库存风险，降低成本，增加流动资金，降低货品贬值率，推动提质增效。

　　在这方面，中信戴卡通过及时控制库存来提高存货周转率，推动实现"零库存"目标。具体措施包括推行精准管控主要原辅材料计划、低值易耗品电商采购等。对主要原辅材料、低值易耗品推行"零库存"目标管理；对设备备件等物料推行"以修代买""换修模式"，通过寄售模式推行"10分钟响应生态圈""1小时响应生态圈""48小时响应生态圈"，力争用最低的库存，满足设备连续生产；针对订单变更造成呆滞的油漆、粉末、模具等物资，通过推行供应商回购、修旧利废等手段，进行资产盘活；通过全球资源共享和整合，针对铝等大宗材料，实行全球采购，即由中信戴卡牵头，联合其他相关企业，组织联合谈判，制定框架协议，之后各家企业按需下发订单，这样即使采购量大，中信戴卡也不会担忧增加库存成本。通过科学精益管理库存，中信戴卡充分保持了企业发展后劲，不断巩固自身在行业的领先地位，以实际行动和切实举措真正实现了从增长到增效的有机转变。

　　中信机电受三方面因素影响，库存较高。首先，工厂有自己的一级大库房，各车间还有自己的二级小库房，两级库房信息不畅通，各自为政，造成重复采购、物资积压的情况时有发生。其次，存在旺季活干不完，淡季没活干的现象，导致有的单位在淡季加足马力干，以为旺季做好储备，但市场千变万化容易造成积压滞销。最后，以前中信机电的库存管理未能实现信息化，全靠人工进行记账和统计，同样的物料，有的按经验、习惯记录，有的按标准记录，这样，不同的人查询起来就会出现账有物无或账无物有的情况，造成物料在生产环节无故滞留。

针对上述情况，中信机电积极响应"零库存"目标，以精益管理理念为指导，坚持毫不手软砍库存、提质效。具体行动包括：取消二级库和中转库，实行一级集中管理，减少库存占用；通过内部协同、网上竞拍、货款抵账等多种方式处理积压库存；建设存货信息化系统，规范物料统一编码，提高库存周转效率；摸清家底，加强存货管理，存货余额降幅达35%，存货周转天数不断加快。与此同时，中信机电还提出，在推进信息化建设的基础上，进一步加强库存物流信息化，例如建设生产线 MES 和招采平台系统等数字化系统，其旗下子公司华晋冶金铸造厂的数字化 112 车间在订单、采购、生产和销售等环节均已实现信息实时传递，按单采购、按单生产，逐步实现"零库存"目标。

在"精益增效"目标倡导下，"零库存"方式可以有效提高库存周转率，减少管理费用，同时释放部分流动资金，避免出现资金周转困难等问题，提升工作效率，增加企业收益。实践证明，中信集团狠抓存货周转率提升，积极推动"去库存、降占用、提效率"，库存增效已成为深入推进精益管理、助力降本增效的重要举措。

管理之事必作于细

精者，去粗也。细者，入微也。企业的精细化管理，就是要按照精细思路，找准问题关键、紧抓薄弱环节，有针对性地采取行动，实现企业经济、环境、社会等各方面效益的提升。与此同时，精细化管理旨在结合企业管理的规范性、规律性，创造性地寻找事业发展的内在联系，引导企业完善功能、拓展业务，以期实现转型升级、提质增效和跨越式发展。

中信集团高度重视精细化管理，多措并举促进管理效能提升，不断夯实世界一流企业建设基础，为践行国家战略、推进改革攻坚、实现高质量发展添砖加瓦。

把每一分钱用在刀刃上

美国管理大师彼得·德鲁克在《新现实》一书中对成本有着非常经典的描述："在企业内部，只有成本。"中信集团长期秉持勤俭节约观念，并将其内化为实实在在的行动，力争最大程度降低成本。不管是处置不良资产，还是优化管理流程，抑或是利用政府政策获取税收红利等，其内核都是通过成本管控压降成本支出。为此，上到集团总部，下到各子公司，都把目光聚焦到降本上，力争通过多种渠道、多种形式、多个维度的精细化管理促进成本优化、效益提升。

观念先行，降本即是增效深入人心。观念是行动的先导。为实现成本集约化，中信集团坚持把降本作为集团经营管理的重要目标之一，并要求下属企业根据自身实际，贯彻宣传"全员成本控制""一切成本皆可控""降本即是增效"等观念。在勤俭办企观念影响下，全集团员工把全方位降本观念融入自己的点滴工作中，把每一分钱都用在刀刃上成为集团员工的行动指南。

厉行节约，转变办公方式，提高设施设备使用率。本着成本节约原则，中信集团上下积极通过优化存量设施设备的方式，加强对公司设施设备的利用，尽可能地减少闲置空置、低效使用。比如，中信证券早在 2016 年就针对办公用房采取了降本行动，在满足公司人员用房条件的前提下，退租外部使用效率不高的房产，以降低房产使用成本。一是提升总部办公区使用率。2016 年年中至 2018 年年初，中信证券完成中信证券大厦 2—6 层的装修及 8—25 层内部走廊的改造，将总部大楼的工位由原来的 2 305 个扩充至 4 396 个，集约化办公的方式相当于减少年租赁费约 2.5 亿元。二是回购北京、深圳两地的办公楼。2017 年，中信证券收回北京、深圳两地的办公楼，每年净节约租金成本约 2.35 亿元。此外，随着信息技术的发展，无纸化办公已成为潮流和趋势。在此情况下，中信证券董事会办公室主动调整年报印制、邮寄等方式，每年节约成本约 40 万元。2020 年，董事会办公室主动与中国香港结算机构沟通，协调同意当年纸质版 H 股年报只印制 500 本（占 20%），其余 2 000 本（占 80%）改为电子版，直接减少印刷及邮寄成本约 25 万元。同时，A 股年报也只印摘要版，不印全文版，股东大会现场不发纸质版，只在股东大会文件上附年报二维码，由此直接减少 40% 的册数、80% 的内容，节约成本约 15 万元。以上每一处小细节都彰显着中信人协同节约的管控理念，将降本工作落到细处、实处已成为中信集团精益管理的重要着力点。

出台制度，优化管理流程，促进全员参与。比如，中信信托以管理制度为基础，在预算、采购、合同、付款、后期管理全流程加强费用管理体系的完善。同时，重新梳理费用管理逻辑，修订费用管理、资产管理、资金账户管理等 10 余项财务制度，随之出台《公司费用管理制度》《国内差旅费管理办法》《业务招待费管理办法》《因公临时出国（境）经费管理办法》《公司营销费用管理办法》《费用报销管理办法》等，财务制度与费用管理得以有效衔接，制度在实操管理中的指导性和保障性作用进一步发挥。通过以上举措，中信信托切实做到了"非必要的不支出、可节约的少支出"，公司费用大幅下降，降本成效显而易见。

再如，中信资源重点从预算管理和工程项目管理环节入手，实施精细化成本管理。在预算管理方面，完善《预算管理办法》，推动全面预算管理落地。预算理念全员参与，业务范围全面覆盖，管理流程全程跟踪。同时还加强管理考核奖惩机制和管理目标评价体系落实，按月跟踪、推动工作计划落地，逐步建立起各负其责、高效运行的管理体制，充分发挥出预算的规划、协调、控制监督、考核评价和激励作用。针对工程项目管理，根据已有行动计划，在夯实基础管理工作的同时，推进精细开发管理、精细成本管理、精细生产过程管理。还制定了"完善杆管分级、分年限管理""杆管下岛和报废清洗管理"等 28 项管理制度，细化控制措施，并将责任落实到位。

可以看出，为实现降本目的，中信集团各子公司根据自身实际，有针对性地做出了符合发展需求的成本管控计划，并将其以规章制度的形式予以落地，营造出全员降本、人人增效的良性氛围。

优化配置，挖掘资源资产潜在价值。中信集团各子公司全面盘点公司资产分布及使用效益，厘清低效闲置资产情况，建立责任分工和过程跟踪机制，加快清理低效无效资产，减少低效资本占用，提升资产使用效益。比如：中信资源月东油田通过对现有存量资产进行全面梳理和盘点，有效盘活历史遗留、闲置不用的钻井材料（如套管和完井筛管等 20 余种物资，合计价值 1 900 余万元），减少了闲置浪费，减少了库存和资金占用；月东油田还积极修旧利废，仅维修各类油管、隔热管就节约采购费用 477 万元；将已经确认不能再用的废旧资产进行拍卖出售，回笼了部分资金。又如：中信云网有限公司对公司成本按照支出项目进行逐项分析，以云资源使用费为突破点，深入挖掘成本压降空间，通过业财联合、多措并举，跨部门、跨主体推进降本增效，仅 2020 年一年时间，云资源使用费就节约近 500 万元，同比下降 59%。

业财一体，全面助力提质增效。加强公司内部财务管理与业务经营的融合，遵循业财一体化思维，在实现企业降本提质的同时，为企业决策提供支撑，中信金属正是这一方面的佼佼者。中信金属财务部门不断加深与业务管理的有机融合，借助信息化手段，逐步完成从"财务会计"到"管理会计"、从"业务有动作，财务有反应"到"业务有需求，财务即回应"的转变。通过财务标准化、精细化管理，发挥战略财务与专业财务的作用，建立起跨地域、跨平台、全业务、全流程的财务管控体系，为公司创造出巨大价值。

具体而言，中信金属的举措主要表现在以下三个方面：第一，有效运作盈余资金，取得良好收益。对企业而言，现金流关系着企业的生死存亡。中信金属重视资金管理体系建设，细化分析和把控公司现金流，在实施全成本考核的同时，通过内部计息率充分引导业务尽早回流资金，不仅促进资金高效使用与调配，还在无风险或低风险的情况下，全力提高盈余资金收益。例如，2020年，在受新冠疫情及美联储降息影响的情况下，中信金属迅速反应，敏捷捕捉市场机会：同期银行的定期存款利率为 3.2%，而美元贸易融资成本的利率不到 2%。这一年，中信金属的短期盈余资金通过理财、定存及活期等方式获得收益上亿元。第二，充分利用跨平台优势，降低公司整体税负。财务部门积极引导公司业务在不同贸易平台合理布局，科学配比各平台收入与费用，并利用本部策略性亏损，让公司整体税负降低近千万元。第三，腾挪存量资产，优化资产结构。财务部门通过对资产负债表的管理，系统梳理板块内各级公司的资产情况，聚焦主业、优化配置，清理低效无效资产，取得突破性成果。仅以股权减持为例，2020年，中信金属减持西部超导材料科技股份有限公司、中博世金科贸有限责任公司等股权，取得良好收益。

除此之外，中信金属还通过有效管控应收款和库存、动态监测核心运营指标，精细化管控各业务条线等，引导资源科学合理配置，提升公司业务运营效率，促使公司整体提质增效，强化核心竞争力。如今，不管是人均贸易额，还是人均净利润，中信金属都超越同业，成为众多贸易企业的对标企业。

强化资本管理，增强发展质效。金融企业的资本充足水平受到严格监管，业务发展须与资本规模相适应，为增强内生发展动力，须不断优化业务结构，实现同一业务规模下消耗更少资本，或同一资本规模下支撑更多业务，做到"把资本用在刀刃上"。自成立以来，中信金控充分发挥统筹作用，切实贯彻全流程、精细化管理理念，持续牵好"资本管理"的牛鼻子，助力子公司实现"精益增效"。

一方面，中信金控聚焦完善跨行业资本管理机制，强化制度指引，为金融子公司资本管理提质增效奠定基础。中信金控攻坚统筹难题，出台资本管理办法，搭建涵盖规划、计量、评估、补充、考核、报告的全流程闭环管理体系，提升资本管理的全面性与系统性；加强规划、考核、信息化建设等重点环节管理，编制2023—2025年中信金控资本规划，强化规划引领作用，协助集团优化子公司资本考核机制，发挥激励约束作用，建设行业首批资本管理系统，实现"管理上云、数据入湖"，增强资本管理的前瞻性与科学性。

另一方面，中信金控组织金融子公司开展高资本消耗攻坚，推动精细化管理工作落地见效。在深入调研先进同业、金融子公司现状的基础上，一司一策制订资本精细化管理实施方案，并定期督导推动落实；组织金融子公司全方位排查高资本消耗资产，推动逐项拆解分析现有业务、系统梳理资本配置情况，明确耗资大、回报低的项目，找准攻坚重点；搭建协同平台，发挥专业能力，协调支持子公司解决难点问题，通过产融协同处置风险资产等方式，释放低效资本占用，提升子公司内生发展能力。

在中信集团的统筹指导下，中信金控和金融子公司的资本精细化管理工作取得良好效果，截至 2023 年 9 月合计节约资本超百亿元，相当于每年支撑创造超百亿元收入和十余亿元净利润，真正以降本促增效，以精益谋发展。

争取政府支持，善用政策合理降本。为实现招商引资、优化产业结构、促进当地经济发展等目标，各级政府通常会采取税收优惠、资金补贴、设置办事便利通道等措施，给予企业"真金白银"的帮扶与支持，以吸引企业入驻。中信集团瞄准这个机会，积极争取各方政策支持来实现合理有效降本。一方面，密切关注国家和地方政府的优惠政策，组织各子公司积极争取各类政府奖励，如利用国家生态环保政策、资源综合利用政策等取得财政补助；另一方面，着力推动高新技术企业申报，用好政府对科研的支持政策。在这方面，做得尤为出色的是中信资源的波特兰铝厂，其经验做法具有较高的参考意义与价值。

2016 年 12 月，给波特兰铝厂（本段中简称"铝厂"）供电的电网发生故障，铝厂生产受到严重影响，直到 2017 年 10 月才全面恢复。停电期间，为保障铝厂所在地的就业和经济发展，澳大利亚维多利亚州政府决定给铝厂合资方予以资助。资助协议规定：一方面，同意在 2017—2021 年的四年时间里，向铝厂的三家合资方提供每年最高达 5 000 万澳元，总共最高达 2 亿澳元的贷款，用以补偿合资方的现金亏损，但铝厂只有在合资方整个季度的经营现金流为负数时，才可向州政府申请支取贷款。这就要求合资方对包括出运和回款等在内的铝锭销售全过程进行周密组织和严格管控，准备和提供大量财务信息，并与审计师和政府有关部门进行沟通。另一方面，铝厂在资助协议生效后持续经营两年，在满足一定条件的前提下，才可将已经支取的贷款转化为合资方的收入，从而改善合资方的利润状况。

中信资源管理团队根据资助协议规定，通过对现金流的精细化管理，最大限度促成政府贷款向公司利润转化。2019 年，将此前两年的政府贷款 2 250 万澳元全部转为收入。2020 年，将全年 1 125 万澳元的政府贷款全部转为收入，大幅提升了企业经营业绩。2021 年 6 月，资助协议到期，为继续争取政府资助，中信资源管理团队与合资伙伴密切配合，充分利用波特兰铝厂在当地的市场地位[1]，于 2021 年 4 月成功和澳大利亚联邦、维多利亚州两级政府签订新的资助协议。通过澳

1　波特兰铝厂在维多利亚州西部的经济发展和就业中占据不可替代的位置，同时还是维多利亚州最大的用电户，对整个维多利亚州的供电系统和电力市场的稳定起着举足轻重的作用，澳大利亚联邦和维多利亚州政府均有意愿在资助协议到期后继续扶持波特兰铝厂。

大利亚联邦政府和维多利亚州政府的补贴协议 [1]，在政府承诺的 2021 年 7 月 1 日至 2025 年 6 月 30 日这四年中，中信资源不仅可通过澳大利亚联邦政府每年直接增加至少 432 万澳元的税前利润，而且还有望通过维多利亚州政府的补贴增加利润。

可以直观地看到，仅通过争取政府补贴这一举措，中信资源就切实达到了降本增效的目的，一定程度上给公司发展注入了"强心剂"。以此为例证，中信集团各子公司结合自身实际，全员积极树立成本控制意识，将"向成本要效益"贯穿于经营管理的各个环节，采取多元方式与多种举措，不断在降本上做"减法"，在增效上做"加法"，以降本增效的切实成果为集团高质量发展提供有力支持。

节能降耗增效益

对任何一个企业来说，节能降耗都是实实在在节约成本、

---

1 澳大利亚联邦政府的补贴协议承诺每年向波特兰铝厂合资方提供担保，保障波特兰铝厂在"供电可靠性及紧急储备"计划〔RERT 计划，是澳联邦政府通过澳大利亚能源市场运营机构（AEMO）管理的，旨在保证用电稳定、防止夏季用电高峰出现停电的一项计划。澳大利亚联邦政府要求像波特兰铝厂这样的用电大户在用电高峰时减少用电量，以保障居民用电，为此政府将予以经济补偿〕下的年收入不低于 1 920 万澳元（中信资源份额为 432 万澳元）。该承诺保障了铝厂 RERT 补偿收入的稳定。并且联邦政府最终同意：如任何一年波特兰铝厂在 RERT 计划下的经济补偿收入低于 1 920 万澳元，联邦政府将予以补足。如收入高于 1 920 万澳元，也无须退还。根据维多利亚州政府的补贴协议，铝厂合资方的经营现金流为负时，才可支取补贴，每年补贴总额不超过 1 920 万澳元（中信资源份额为 432 万澳元），且只有当铝厂年正向经营现金流大于 700 万澳元（中信资源份额为 157.5 万澳元）时，铝厂合资方才需向州政府偿还补贴。同时，铝厂合资方每个季度需向州政府出具现金流报表，以确定是否可以支取补贴。协议生效后的头三年内，收到的州政府补贴将计入负债。三年后，补贴金额可作为政府拨款计入损益，从而有望增加利润。

提升效益的有效途径，也是企业走可持续发展之路的必然选择。中信集团在降本增效专项工作中，更是把节能降耗当作精益增效的重要工作来抓。

以中信资源的月东油田项目为例，这是中信资源与中国石油天然气集团有限公司合作开发的海上石油项目。2020年，面对疫情和低油价的双重挑战，月东油田围绕提质增效和可持续发展，不断推进"三个精细"管理[1]，实现油田高效开发和效益提升。

拿精细化节电管理举例。自2016年以来，月东油田每年用电量在4 200万千瓦时左右，每年电费成本在2 500万元人民币以上。2019年末，月东油田开始实施开发调整方案，新井的增加导致用电量提升，若不加以控制，电费成本将大幅增长。为此，天时公司开展降本增效专项行动总动员，要求全员、全方位、全生产流程"夯实、调整、优化"。

具体部署是：成立精细化节点管理小组，从构建管理体系、制定操作标准、推进技术创新、实施工艺改善、强化标准操作、控制费用支出等多方面积极研究节电措施，以降低电费支出。月东油田最终将用电管理流程细分为11个管理节点（见表4-1），包括节点电量，降本重点节点，完善节点计量，细化节点分析、节点控制指标、节点责任落实，并制定技术和管理降本增效具体措施，如《节电管理考核办法》《生活楼用电管理制度》《承包商用电管理制度》《电热带冬季运行管理制度》《电加热井管理制度》等，在完善用电管理制

---

1 "三个精细"管理指精细开发管理、精细成本管理、精细生产过程节点管理。

度体系的同时，做到合理有偿调配人力、物力、电力设施等，从而实现降低电力成本的目的。

表 4-1　月东油田用电管理节点

序号	节点	预算电量 / 万千瓦时	管理举措
1	间歇性施工	576	削峰填谷，安排间歇性工作在谷时施工
2	井筒加热	1 169	及时合理地调节或停运井筒电加热电流
3	抽油机	1 061	做好抽油机上下行电流的测量，确保抽油机的平衡状态
4	氮气撬	164	加大维修力度，提高氮气撬实际排量
5	注汽锅炉	112	优化注汽运行参数，优化油井注汽量
6	外输泵	155	根据原油储罐和分离缓冲罐液位合理调节外输泵频率
7	修井机	80	优化修井作业运行，紧抓作业质量，提高修井时率时效
8	电伴热带	40	采用自限温电伴热带，达到要求值自行减少发热量
9	承包商	110	严控外单位施工用电的管理和用电计量工作
10	变电所	73	优化运行方式，降低损耗
11	陆岸终端	160	根据原油储罐和分离缓冲罐液位合理调节外输泵频率
合计		3 700	

　　在此基础上，月东油田开展谷、峰、平不同时段用电管理，对可间歇运行的设备和施工，尽量安排在谷时实施，提高谷时电量占比。利用夜间谷时段氮气隔热注氮约 12 万立方米，实施井筒电加热夜间送电间歇运行 11 井次。该项措施全年可节省电费约 20 万元。通过及时合理调节或停运井筒电加热电流、井筒降黏、调整抽油机平衡度、优化电伴热带运行、优化单井注氮量、合理调节外输泵频率以及削峰填谷等 6 大技术管理措施，实现有效控电，预计可使油田投产井从 2019 年的 131 口增加到 2025 年的 218 口、产液量从 2019 年的 118 万吨增加到 219 万吨，同时，吨液单耗由 2019 年的 35.7 千瓦时 / 吨下降到 23.66 千瓦时 / 吨的历史最好水平。月东油田的节电措施、消耗水平等管理手段和标准已形成管理制度和体系，在"十四五"规划中全面落地，形成降本增效的长效机制，预计"十四五"期间每年电费可较 2019 年降低 1 000 多万元。此外，2020 年"同轴式双空心杆热水循环加热工艺"[1] 的推广应用，节电约 287 万千瓦时；通过"井筒化学降黏工艺"[2] 的推广应用，实施井筒加药降黏 39 井次，节电约 152 万千瓦时，节省电费约 88 万元，产生经济效益约 71 万元。图 4-5 为月东油田化学降黏效果图。

1　同轴式双空心杆热水循环加热工艺，其双空心杆内管是由不锈钢材料制成的，承受的温度最能够达到 140 摄氏度，不管是传热还是携带热效果都非常好，是一种较好的加温降黏操作办法。

2　井筒化学降黏工艺，是通过化学手段等使井筒中的流体保持低黏度，从而达到改善井筒流体的流动条件，提高稠油及高凝油的开发效果等目的的采油技术。

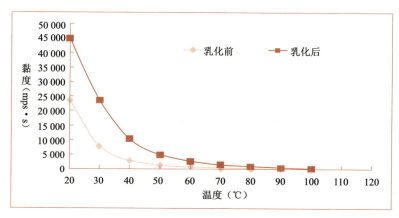

图 4-5 月东油田化学降黏效果图

　　天时公司创造性地推出精细化用电管理系列举措，为确保项目效益提升打下了坚实基础。这仅是中信集团旗下子公司实践能耗节约、降本增效的一个小小缩影，它以"零基预算"和"改善提高"为抓手，让员工真正参与到企业发展中，奠定了其长久生存、提质增效的良好基础。

　　实际上，在节能降耗方面中信集团子公司还有很多优秀范例，它们的做法也能提供更多的思考与启迪。比如，中信环境下属子公司中信清水入江（武汉）投资建设有限公司（以下简称"清水入江公司"）[1]负责投资、建设和运营的清水入江PPP项目[2]，其目的是对全区域内的污水进行系统处理及对全

1　清水入江公司是由中信环境控股的一家集水务基础设施投资、建设、运营于一体的科技创新型生态环保公司。其深耕生态环保领域，为促进区域经济社会发展和绿色转型做出突出贡献，且荣获湖北五一劳动奖状、武汉市最美环保志愿者、江夏区文明单位等一系列荣誉称号。

2　清水入江PPP项目包含污水收集转输和处理工程、雨水防洪排涝工程、湖泊水环境提升工程等众多子项，已入选国家第三批PPP示范项目、湖北省第一批PPP示范项目。

流域的水环境进行综合治理。

江夏污水处理厂是清水入江 PPP 项目的核心子项目，该项目致力于打造国内一流的环保科普基地（国家生态环保示范基地）和生态艺术公园。江夏污水处理厂在运营过程中，直接成本中电费、药剂费、人工费、污泥处置费、自来水费占比可达 90% 以上。

自 2019 年起，清水入江公司运营团队致力于从四个方面就节能降耗相关举措进行积极探索，并取得显著成效。

1. 节电

建立光伏发电[1] 系统，满足污水处理厂运行部分用电。2020 年，江夏污水处理厂实现光伏发电装机容量扩容，厂区基本实现光伏发电全覆盖，产生的电能全部供污水处理厂设备运行使用，年均发电量约为 150 万千瓦时，按系统使用 20 年计，每年可节省用电成本约 52 万元。

推进智慧曝气[2]，按需精准控制曝气量。清水入江公司联合中信环境下属子公司中国市政中南院研发智慧曝气系统，在江夏污水处理厂进行实践，可根据进水量与进水污染物浓

1　光伏发电，其基本原理是"光伏效应"。光子照射到金属上时，它的能量可以被金属中某个电子全部吸收，电子吸收的能量足够大，能克服金属内部引力做功，离开金属表面逃逸出来，成为光电子。而当太阳光照射在太阳能电池上时，电池吸收光能，产生光电子。在电池内建电场的作用下，光电子与空穴被分离，出现异电荷的积累，即产生"光生电压"，这就是"光生伏特效应"，简称"光伏效应"。太阳能可谓取之不尽、用之不竭，因此光伏发电在节能减排过程中发挥着重大的作用。

2　智慧曝气是污水处理厂由早期粗放式人工控制方式向现代精细化自动控制方式进阶的产物。智慧曝气系统可以根据当前需要的曝气量，通知鼓风机主控进行风量调节，防止发生喘振等异常情况，节约鼓风机电耗。

度实现鼓风机运行参数的自动调节，节省电量约 10% ～ 15%，年均节省电费成本初步估算约 20 万元。智慧水务平台界面如图 4-6 所示。

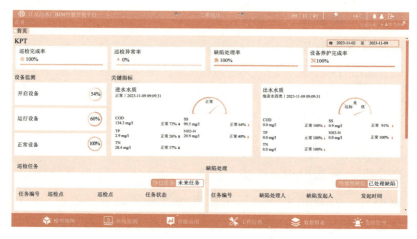

图 4-6　智慧水务平台

搭载中水源热泵[1]空调，降低办公区能耗。通过充分利用污水处理厂处理后的中水热能，结合热交换机组进行热交换，全面覆盖公司办公区、生活区空调系统及热水系统。按年使用普通空调 6 个月、每天使用空调 8 小时计，年均节约电费约 7 万元。

1　水源热泵是将地表水所储藏的太阳能资源作为冷、热源进行转换的空调技术。与常规空调技术相比，水源热泵是空调系统中能效比（COP 值）最高的制冷、制热方式，理论计算 COP 值可达到 7，实际运行为 4 ～ 6，具有高效节能的特点。并且水源热泵系统以地表水为冷热源，向其放出热量或吸收热量，不消耗水资源，不会对水资源造成污染。

2. 节药

清水入江公司实施智慧加药。联合智慧曝气系统，通过分析实时进水量、进水总磷、高效池进水总磷、出水总磷等参数间的关系，采用多层感知神经网络，建立除磷药剂加药量在线计算模型，实现除磷药剂的精准投加，从而有效降低药剂使用成本。按照全年处理水量 5 110 万吨计算，年均节约药剂费用约 16 万元。

3. 节省污泥处置成本

污泥是污水处理厂和污水处理的必然产物。未经恰当处理的污泥进入环境后，会直接给水体和大气带来二次污染，这不但会降低污水处理系统的有效处理能力，而且会对生态环境和人类的活动构成严重威胁，因此污泥处理对污水处理厂至关重要。

清水入江公司通过优化污泥浓缩池的运行方式，提高进入调理池污泥的含固率，合理确定药剂配比，降低污泥产生量。通过降低污泥回流量，增加污泥浓缩池剩余污泥的排放浓度，同时合理使用污泥脱水药剂，显著提高污泥调理及板框压滤机脱泥效果，剩余污泥含水率明显降低，污泥产量估算年均减少 1 000 吨。同时，在合法合规的前提下，积极拓展污泥处置出路，降低污泥处置成本，污泥处置成本年均节省约 30 万元。

4. 节省自来水费

2019 年底，清水入江公司实施自来水用水改造，通过将污泥脱水车间板框机冲洗水、管沟冲洗水、加药间药剂稀释水、高效池保洁用水、厂区绿化用水改造成中水，每年节省自来水费约 12 万元。

清水入江公司通过实施系列节能降耗举措，一方面，取得了显著的经济效益——年均节省电费、药剂费、污泥处置费、自来水费合计约 137 万元，是中信集团降本增效的良好示范；另一方面，在生态绿色发展道路上实现了新跨越——以生态文明发展理念为指引，向着"生态环保领域智慧营建领先者"愿景目标阔步迈进，是中信集团践行生态绿色发展的排头兵，为区域经济社会发展和中信集团绿色转型做出了突出贡献。

采用精益管理手段节能降耗，提高能源利用率，建设节约型社会，是国家经济和社会发展的重要战略，对中信集团来说更是实现能效转型升级，提升综合竞争力、实现可持续发展的必由之路。

"瘦身健体"提效能

20 世纪 90 年代，随着互联网信息技术的兴起以及世界经济全球化趋势成为主流，企业管理的各个环节更为便捷与畅通，办事、决策效率也大幅提高。因此，企业管理者迫切地想要减少管理层次、扩大管理幅度，从而提高企业市场适应力、竞争力，增加企业经营业绩。以美国 IBM（International Business Machines Corporation，国际商业机器公司）、北欧航空公司等为代表的大型企业率先呼吁废除以等级制、官僚主义为特征的传统金字塔型管理模式。

随之而来的是，扁平化管理模式逐渐兴起，并备受企业，尤其是大型企业集团推崇。因为这种管理模式能减少管理层次、压缩职能部门和机构，使决策层的指令能快速地传达给执行部门，不仅能裁减掉冗杂人员，还能提高企业运转效率。换言之，扁平化管理模式解决了传统金字塔型管理模式存在的诸多问题和矛盾。

从这一维度看，在企业经营国际化、产品全球化、规模集团化的今天，以管理网络化、组织结构扁平化、权力分散化、人本管理为特征的扁平化管理更适应企业发展需要。尤其是大型企业集团，由于其面临着集团一体化管控难、组织信息传递滞后、资源共享统一难度大、集团数据难以互通、问题业务突破瓶颈难以及风险合规管理监督难等难点和痛点，更是希望通过扁平化管理实现企业的"瘦身健体"，从而提升企业经营效益。

中信集团在加强顶层设计、强化集团集中统一的同时，也把扁平化管理理念当作集团发展的重要支点去落地。全面深化国企改革以来，中信集团坚决贯彻落实中央决策部署，把压缩管理层级、精简法人数量当作一项重要工作任务，进一步聚焦主责主业、回归本源，持续"瘦身健体"，夯实发展基础，提升发展质量。为优化集团投资管理体系，严格控制非主业投资，中信集团编制出台主业管理办法和第二批子公司主业清单，修订投资授权管理、特殊目的公司管理、设立公司指引等制度规定，明确禁止增加的行业门类项目；同时，深入推进"瘦身健体"提质增效专项工作，精简法人机构，截至 2023 年 6 月末，并表法人户数已减少 399 家；针对个别子公司管理层级多、链条长的问题，有针对性地制定细化一体化管理和压降层级的具体措施。[1]

通过"瘦身健体"，中信集团在数量上做减法，在质量上做加法，不仅提高了管理效率，还提升了集团的市场竞争力和抗风险能力。整个集团释放出新鲜活力，焕发出勃勃生机，为降本增效和高质量发展开创了全新局面。

而中信集团扁平化管理表现最为明显的是，集团上下牢固树立全局观念，积极发挥"一盘棋"的合力，要求各子公司依靠团结的力量和集团整体协同效应，实现资源优化配置与共享，落实精益管理思想，在提质增效上协同发力。同时，围绕整体发展目标，打造符合中信特点的多元化协同战略、管控体系和合作机制，以不断满足客户多样化需求，提升集团核心竞争力。对此，中信集团绞尽脑汁，集中人力、物力、财力，设置中信集团业务协同部，建立地区业务协同联席会议机制，打造"不止于银行"的多维度融资生态圈体系，研发上线"协同+"系统等，力图做到集团总部与子公司的高效联动，尽最大力量实现集团利益最大化。

换言之，集团子公司不是孤军奋战，而是可以背靠中信集团"这棵大树"，借助中信协同力量，加强与集团内外部的合作，力争在更多领域实现合作共赢，助力集团高质量发展目标实现。一个典型的案例是，中信银行与国家战略同频

---

1 中央纪委国家监委网.中共中国中信集团有限公司委员会关于十九届中央第八轮巡视整改进展情况的通报［EB/OL］.［2022-09-10］.https://www.ccdi.gov.cn/dblxszg/202209/t20220911_217344.html.

共振，积极联合集团内金融和实业板块的兄弟公司组成京津冀区域"联合舰队"，全方位赋能京津冀区域发展。

相应地，各子公司承接集团发展战略，把握集团发展大盘，优化管理运营模式，通过集中统一、扁平化管理，实现公司管理效能提升。一方面，明确总部定位，在组织和岗位设置上"减重消肿"，保持适度体量。如中信戴卡明确提出"一人多机、一岗多能"（如图4-7所示），以"一个萝卜多个坑"的新型思维，在实现岗位职责优化，减少生产配置的同时，还降低了用人成本。此外，中信戴卡还通过多岗位轮训方式，让很多员工掌握了两个以上岗位技能，既让员工得到了实实在在的好处，又让公司人均产出达到世界领先水平。扁平化精益管理带来的降本增效成果，实现了员工与公司的双赢。

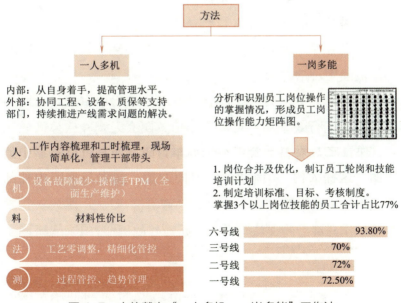

图4-7　中信戴卡"一人多机、一岗多能"工作法

另一方面，减少管理层级，提升信息传递和经营决策效率，倡导极简工作作风，切实过好"紧日子"。在这一点上，中信金属的做法尤其值得学习借鉴。中信金属坚持扁平化、去中心化管理理念，倡导"以工作能力为中心取代以行政级别为中心"的管理模式，积极发扬"由我来办、马上就办、办就办好"的工作作风，构建简洁、规范、高效的管控治理体系。因此，虽然与国内上市的4家大宗商品贸易公司[1]相比，中信金属资产规模与营业收入规模相对较小，但其盈利能力（ROE）、人均创收与人均盈利能力均处于领先水平。

另外，中信金属在境内外设立了多个贸易平台，实施跨平台、跨地域集中统一管控，按照业务线垂直管理，提升决策效率和质量，节约管理成本。即各业务条线根据业务开展便利度、客户需求、融资条件、税务优惠等自由选择在不同平台开展业务，由总部进行统一管理，跨平台核算各业务条线的经营业绩，降低了运营成本，提升了经济效益，在降本增效浪潮中贡献力量。

多年来，中信集团历经转型升级，取得诸多成绩，其中执行力和运行效率功不可没。中信集团大刀阔斧砍掉低效无效环节，倡导精益增效、协同共享等理念，在管理扁平化的道路上不断前行。中信信托、中信证券、中信城开、中信国际电讯、中信泰富特钢等先后就"瘦身健体""压降层级"等专项工作开展经验交流与学习便是最好的例证。

---

1 4家大宗商品贸易公司，分别指厦门建发股份有限公司、厦门国贸集团股份有限公司、物产中大集团股份有限公司、厦门象屿股份有限公司。

风险之防必作于勤

在企业界流传着这样一句话："企业最大的成本是风险。"放眼全球企业发展实际，虽有部分企业因创新能力、产品服务不足而倒闭，但更多企业是因自身管理不善以至无法控制风险而走上末途。

1995 年 2 月，拥有超过 200 年历史的英国巴林银行宣布破产；2001 年 12 月，在美国《财富》500 强排行榜上排名第 7 的安然公司申请破产保护；2009 年 6 月，在世界汽车业占据龙头地位的美国通用汽车公司迫于压力，正式按照规定向美国曼哈顿破产法院申请破产保护；2023 年 3 月，曾被美国《福布斯》杂志评为 2022 年美国最佳银行之一的美国初创企业重要贷款机构硅谷银行宣告破产，位列《财富》500 强排行榜第 494 位的瑞士第二大银行瑞信银行为避免破产被瑞银集团收购……这些公司走向失败的共同原因，主要便在于缺乏对风险管理的正确认知与高度重视，没有构建起完善的风险管理体制机制，各种要素不断累积导致风险失控，最后走向失败。

中信集团是业务遍及全球多个国家和地区、横跨金融与实业两大领域的大型综合性企业集团，随着"走出去"战略的不断推进，其经营状况、发展前景等在很大程度上受到国际环境的影响。与此同时，世界经济下行、国内国企改革持续深入，中信集团在应对更为激烈的市场竞争的同时，还不得不面临运营风险、信用风险、投资风险等更多的风险挑战。

如何在这样的形势下谋求发展与进步？中信集团在学习思考和实践探索中给出答案：经营发展与风险防控不是非此即彼的对立关系，二者是"一体两面"的关系，是辩证统一、相互促进的有机整体。在市场经济体制下，因客观存在不确定性和信息不对称，开展业务必然承担风险。承担什么风险，承担多少风险，如何缓释风险，获取的收益能否足够补偿承担的风险，是每一个企业都面临的重要课题。风险管理的目标不是锁住业务，牺牲市场和收益实现风险最小化，而是通过完善的风险管理机制、方法和工具，推动可持续高质量发展，实现风险调整后收益最大化。因此，风险管理是一门关于收益和风险相匹配、多元目标相平衡的管理科学。中信集团深刻认识到风险管理具有的战略意义，积极统筹价值创造和风险管控，通过风险治理、风险战略、风险偏好、风险定价等一系列管理方法，对风险承担做到"放中有管、管中有放"，确保实际承担的风险控制在合理范围内，有效破解"一管就死，一放就乱"的两难困局，实现稳增长和防风险的长期均衡。

建立全面风险管理体系

微软创始人比尔·盖茨说："微软离破产永远只有 18 个月。"风险无处不在，对企业来说更是如此。甚至可以说，一家企业基业长青的秘诀之一便是做好风险管理，特别是对于中信集团这样的大型企业集团而言，"管住风险就是创造收益"的理念显得尤为重要，精准识险、控险、化险也为提质增效专项行动立柱架梁、打下深厚根基。

由此，中信集团全面贯彻落实党中央、国务院的决策部署，对标世界一流企业建设目标，秉承战略思维、发展思维、改革思维、全局性思维，制定并坚定执行风险战略，强化风险偏好引领，按照全面统一、分层分类、专业高效、技术先进原则，从组织、政策、流程、技术、文化等五个维度，建立覆盖各类风险的全员、全面、全程的风险管理体系，力争使风险管理成为卓越企业集团核心竞争力的有机组成部分，为中信集团高质量发展保驾护航。中信集团全面风险管理体系建设历程如图 4-8 所示。

图 4-8 中信集团全面风险管理体系建设历程

一是打造有形有力、协调运转的风险治理架构。中信集团以党的领导为核心，以公司治理为基础，搭建起"四层三道"[1]立体化的风险管理架构，形成职责明确、各司其职、协同发力的组织体系。中信集团党委发挥核心领导作用，按照"三重一大"制度，对重大风险管理事项进行前置把关。董事会、管理层风险管理委员会充分履职，确保风险管理的权威性，构建第二、第三道防线联动的机制，并围绕专业职能搭建矩阵式第二道防线，明确牵头管理和归口管理职责，打造风险合规与审计、纪检有效衔接的大监督格局。同时，母子公司建立起上下贯通的立体管控模式，突出总部管理、引导、服务定位，明确子公司风险管理主体责任，将分散在不同法人主体的风险职能汇聚整合，形成纵向上下衔接、横向互为支撑的有机整体。最值得关注的是，中信集团以中信金控的成立为契机，建立了跨业态风险并表管理机制，进一步增强金融服务实体经济和专业化管控能力。[2]中信集团风险治理架构如图4-9所示。

二是打造偏好引领、分层分类的政策制度体系。中信集团建立跨法人、多层级、整合性的企业集团风险偏好体系，定性定量相结合确定所承担风险的总量和底线、结构和限额，搭建设定、传导、执行、监测、报告的全流程管理机制。根据政策导向、监管要求、先进实践，结合业务发展与管控模式，

---

1 "四层"即四个层面，指董事会、管理层、全面风险管理牵头部门和各类风险归口管理部门、子公司。"三道"即三道防线，子公司是风险管理的第一道防线，对其经营管理活动产生的风险及风险处置化解承担第一责任，集团全面风险管理牵头部门、各类风险归口管理部门是风险管理的第二道防线，负责对各类风险进行归口管理，集团稽核审计部及纪检机构是风险管理的第三道防线，按照各自职责对风险管理工作进行监督。

2 奚国华.企业集团全面风险管理体系建设探索［J］.中国金融，2022（24）:22-24.

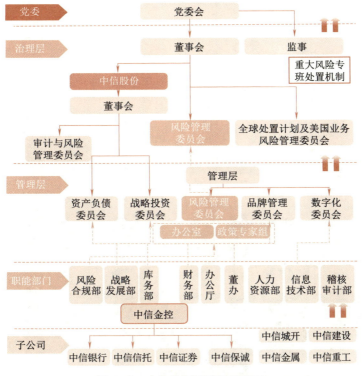

图 4-9　中信集团风险治理架构

以风险偏好为引领，建立起分层分类的风险管理政策制度体系，并不断提升其适用性和有效性。制定风险战略与全面风险管理办法等基本制度，明确全面统一的风险管理整体要求；健全风险识别评估、风险报告、风险预警、人员管理等一般性制度，规范风险管理标准、方法和流程；针对各类风险建立专项制度与操作细则，明确专业化垂直管控要求。[1] 中信集团风险偏好体系如图 4-10 所示。

---

1 奚国华.企业集团全面风险管理体系建设探索［J］.中国金融，2022（24）:22-24.

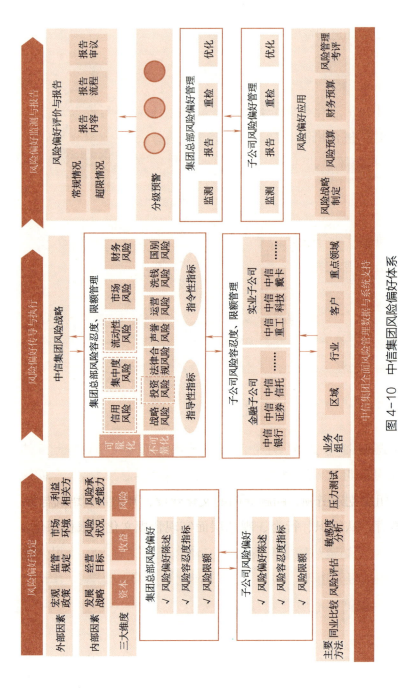

图 4-10　中信集团风险偏好体系

　　三是打造科学制衡、高效运行的专业管控机制。中信集团从战略导向和管理目标出发，根据业务特点，开展标准化、层次化流程设计，实现制度、流程、系统、数据有机融合。开展常态化风险识别、评估、计量、监测与报告，建立风险汇总整合机制，全面摸清风险底数。制定金融业务分类标准，提炼风险共性，将全口径投融资业务纳入统一授信管理，动态掌握地区、行业、机构、客户风险敞口。建立重要客户与集中度风险管理机制，制定容忍度限额，抑制风险过度积聚。推进实业子公司风险、合规、内控一体化建设，综合运用层级图谱、绩效归因等模型工具，提升治理、投资、运营、盈利、战略等重点领域风险管理质效。推进风险数据治理，打造风险技术体系，建立风险管理系统，推动风险管理数字化转型。[1]

　　四是打造依法经营、信守合规的风险文化氛围。中信集团倡导"管好风险就是创造收益"的风险理念，扎实推进依法治企，培育合规文化。强化依法合规的底线认识，积极引导全体员工遵循良好的行为准则和道德规范，推动"信守合规"真正成为企业上下的思想自觉、行动自觉，提升风险管理软实力。组织党建引领、问题导向的文化建设，开展宣贯培训与警示教育，从组织、行为、观念层面实现合规文化的根植深化。突出风险合规文化的引导作用，持续完善风险管理体制机制，遏制粗放经营以及违法违规操作，有效防范系统性风险。[2]

1　奚国华.企业集团全面风险管理体系建设探索［J］.中国金融，2022（24）:22-24.

2　奚国华.企业集团全面风险管理体系建设探索［J］.中国金融，2022（24）:22-24.

随着全面风险管理体系的搭建和完善，中信集团已初步形成整合性、系统性风险防控机制与能力，开创企业集团风险管理实践新篇章，为集团行稳致远、提能增效提供有力保障。普华永道咨询公司提出："创新建设具有中信特色的集团全面风险管理体系。"它高度认可中信集团基于国家战略、中央金融企业使命、内外部环境、业务及风险特性等因素搭建全面风险管理体系，认为中信集团已成为企业集团风险管理领域的先行者，基于中信集团全面风险管理体系规划的中信金控全面风险管理体系亦将成为金融控股公司的行业标杆。

着力防范化解风险

风险无法避免，只能管理。如何做好风险防范与化解，是每家企业必然面临的问题。一旦风险难以有效化解，降本增效、创新发展等高阶目标不免化为泡影。中信集团经过四十多年的探索实践，总结出独具中信特色的风险防范与化解经验。整体而言，中信集团总部发挥对子公司的管理、服务、引导、支持作用，为子公司风险防范与化解做出战略指引，提出管理要求，提供协同资源与支持帮助。子公司在集团全面风险管理统一框架内，根据业务与风险特点，建立与自身实际相契合的风险管理体制机制，推动风险防范与化解，并及时向集团总部汇报。

具体来讲，中信集团主要从三个方面进行风险防范与化解。

1. 制定风险战略框架

集团制定《中信集团2021—2025年风险战略》，围绕"三个核心、三个平台、六个强化"[1]，对未来五年的风险管理工作提出纲领性、方向性、指导性要求，以期推动集团风险管理能力取得长足进步，为"十四五"规划期间的高质量发展保驾护航。中信集团风险战略框架如图4-11所示。同时，为确保风险战略切实可行、落到实处，中信集团系统规划战略实施的三个阶段，分别为建设行动年、提升巩固年、全面深化年。

建设行动年（2021—2022年）：在组织、政策、流程、技术、文化等五个方面，按照"金融先行、实业跟进"的工作安排，用两年时间完成集团全面风险管理体系建设。集团下属金融子公司资本充足水平满足监管要求并达到可比同业平均水平，不良资产率力争不超过1.5%，拨备覆盖率保持在180%~200%。

提升巩固年（2023—2024年）：结合国家政策、监管要求、集团发展的变化，用两年时间有针对性地持续完善全面风险管理体系。集团下属金融子公司资本充足水平满足监管要求并达到可比同业良好水平，不良资产率不超过1.35%，拨备覆盖率力争超过200%。

全面深化年（2025年）：从第五年起进入体系深化阶段，力求达到治理高效、政策齐备、技术先进、管理有效的目标。

---

1 "三个核心"是指监管合规是底线、资本管理是纽带、产融并举是主线；"三个平台"是指金控管理平台、风险合规协同平台、风险技术平台；"六个强化"是指强化目标导向、强化重点管控、强化动态调整、强化过程管理、强化文化贯穿和强化机制保障。

集团下属金融子公司的公司治理、资本充足水平、不良资产率、拨备覆盖率均满足监管要求并达到可比同业优秀水平。

《中信集团2021—2025年风险战略》是中信集团全面风险管理的纲领性文件，为中信集团稳步、持续推进风险管理工作提供了依据和支撑，既提升了中信集团的防风险、抗风险能力，又巩固了中信集团高质量发展根基。

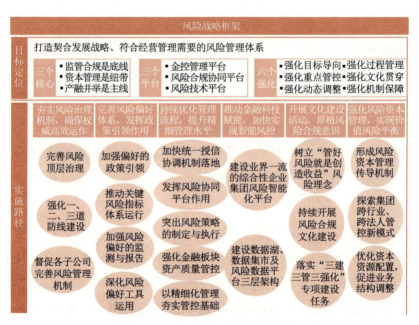

图4-11　中信集团风险战略框架

2. 动态监控与风险预警

在风险管理中，对风险进行动态监控是非常重要的一步。通过风险动态监控，一是可以及时识别和评估风险，为决策者应对风险提供决策依据，避免危机发生或降低风险影响；

二是可以实现风险预警，提前谋划、及早处置，从而增强企业应对风险的能力，保障企业稳健运行。所以，企业进行风险动态监控非常重要，是企业防范与化解风险的前提和基础。

中信集团深知这一逻辑，坚持牢记底线思维，把风险意识贯穿于发展的始终，在建立全业务、全流程风险动态监控机制的同时，靠前站位、主动作为，健全风险预警机制，力争见危于无形、防祸于未萌，将风险控制在源头。

为做好风险动态监控，中信集团建立风险偏好管理机制，构建覆盖各类主要风险，贯穿集团和子公司各层级的定量指标体系，定期监测指标运行情况，掌握风险状况，针对超限指标，及时进行处置。建立风险识别评估机制，每半年组织梳理集团和子公司面临的各类风险，采用定性定量相结合的方式，评估各类风险状况，制定应对措施。建立风险报告机制，搭建由全面风险管理报告、分类风险管理报告、专项风险管理报告和风险快报构成的风险报告管理体系，全方位、多维度掌握风险状况，及时推动风险应对处置。建立全面风险管理系统，实现金融子公司经营数据、客户业务数据、各类风险指标的自动报送和分析，以及实业子公司财务数据、市场风险和流动性风险指标等数据的推送和共享，提升各类数据信息报送质效。

为提升风险预警能力，下好风险防控先手棋，中信集团积极探索建立分类分级分层的风险预警机制（见表 4-2），综合运用政策形势分析、风险偏好、信息系统、指标监测、协同会议、排查检查、提示函等手段，从行业、组合、客户等多个维度尝试开展信用风险预警工作，力争实现对风险的"及时沟通、全面排查、深入分析、准确报告、有效应对、妥善化解",做到"早识别、早预警、早发现、早应对、早处置",牢牢守住不发生系统性风险底线。

表 4-2　中信集团风险预警管理

预警类型	方式	频次
日常风险预警	风险 / 合规 / 法律提示工作函件	不定期
	风险偏好指标监控	季度
	风险月报、季报、全面风险管理报告	周 / 月 / 季 / 年
	重大风险事件报告	不定期
	以案促改报告、典型案例汇编	不定期
	风险处置情况报告	不定期
	独立法律合规意见	不定期
	外部形势和政策研究报告	月度
	政策专家组专题报告	半年度
重点领域专项排查	金融子公司资产质量情况跟踪	月度
	房地产、地方融资平台投融资	月度
	全面风险大排查跟踪	季度
	境外业务专项排查	不定期
	互联网金融合作专项排查	不定期
	项目审批及合同管理专项通知	不定期
	品牌使用情况专项排查	不定期
协调沟通	风险合规协同会	不定期
	内外部调研	不定期

3. 差异化管控风险

　　中信集团作为业务多元布局，实体经济与金融服务并驾齐驱，传统动能与新经济共生共存，境内与境外业务相辅相成的大型企业集团，其金融、实业与境外业务的模式不同、风险特征各异。这就要求中信集团在风险管控中因地制宜、对症下药，做到精准防范与化解风险。

在金融板块，中信集团根据业务相似、风险集中、杠杆经营等特点，狠抓信用风险、市场风险和资本充足性，建立整合汇总管理机制；积极取得首批金融控股公司牌照，于2022年3月24日成功注册中信金控，设立中信金控风险合规部，以此加强金融板块专业化风险管理，强化整合、穿透、协同管理能力，建立风险偏好、风险预警、统一授信和集中度管理、风险隔离、恢复与处置、风险报告、协同化险等各类机制，形成全面监测与重点管控相结合的风险管理模式，指导金融板块子公司补齐监管短板、规范金融发展、有效隔离风险。

在实业板块，中信集团充分考虑实业板块行业覆盖面广、业务种类多、风险差异大的特点，对标财政部、国资委等监管要求，结合COSO（The Committee of Sponsoring Organizations of the Treadway Commission，美国反虚假财务报告委员会下属的发起人委员会）企业风险管理整合框架，推进风险、合规、内控一体化建设。指导实业子公司建立关键风险指标体系，持续重检和优化合规内控管理机制，以风险合规内控整合性管理，有效集中管理资源，提升系统性风险防范能力。在此基础上，探索为每家实业子公司"开户建档"，全面掌握子公司行业和风险情况，按照"一企一策"推动专业化、差异化、常态化风险管理，有力提升集团实业板块风险防控水平。此外，对于具体行业、领域、项目的风险隐患，集团还通过专项排查、集中治理、专班跟进等方式，推进风险防范与处置。

　　在境外业务板块，中信集团将境外风险管理纳入全面风险管理体系。积极贯彻落实部委文件要求并借鉴行业良好实践，包括坚持深入学习习近平总书记关于"一带一路"建设和境外风险防范做出的重要指示、重要讲话精神和中共中央、国务院的决策部署，着力推动境外风险管理体系建设，加强组织领导，强化境外风险管控；积极梳理国家发改委、商务部等关于境外投资经营的规章制度，以及集团内部管理制度，学习领会部委机关文件要求，做好和集团内部管理制度的衔接配合；先后调研中信银行、中信建设、中国进出口银行等内外部单位境外风险和国别风险管理相关工作经验，以期为集团制定境外业务风险管理规章制度提供依据和经验借鉴。

　　在对标与借鉴的基础上，中信集团统筹推进境外风险管理"制度－手册－风险库/案例库"制定工作，出台了一系列境外风险管理规章制度，如出台《中信集团境外风险管理办法》，从集团和子公司两个层面明确境外风险管理组织架构和职责分工，梳理境外风险识别与评估要点，建立境外风险监测与报告机制等；落实差异化管理要求，分别拟定金融板块和实业板块境外风险管控要求，增强制度实用性和针对性。编制境外风险管理指导手册 5 卷 7 册，包括习近平总书记重要论述 50 篇、外部规章制度 83 篇与内部制度 44 项、国际条约和国际公约 101 项及实用工具 100 项等。搭建境外风险库和境外风险案例库，对 34 项境外风险进行识别和评估，并在内部分享子公司境外风险处置与应对的 38 个案例。

　　同时，中信集团积极开展了对有境外业务的 23 家子公司的境外风险管理专项调研，深入了解子公司境外业务风险合规内控管理情况及相关举措，挖掘解剖境外风险典型案例及良好实践经验，摸清了境外专项风险底数。在此基础上，中信集团按照"点面结合、分类分层、属地优先"的原则，重点推动了风险、合规、内控一体化建设工作延伸至境外业务管理。要求子公司按照工作任务清单完成其中55项工作并开展验收；推动境外关键风险指标设置；实现境外风险识别评估信息化管理与分析；指导子公司加强对国别风险的识别、评估和监测；对子公司涉及的制裁业务实行备案制管理；聚焦境外业务重点领域和关键环节优化内控管理机制，强化境外合规管控效能。

此外，中信集团也加强了境外专项治理工作，通过加强制裁风险管控、国别风险管理、境外廉洁合规管理和落实境外重大风险事件跟踪处置等专项治理工作，提升了境外合规风险防范能力。

厚植风险合规文化

2022年《中信集团合规管理报告》强调：合规是发展基石，一定要常抓不懈。实际上，无论是在推动集团稳健发展层面，还是从严格落实监管要求的角度，开展风险合规文化建设都必不可少。

中信集团按照国家政策方针、战略方向，在对标行业实践、学习有益经验的基础上，坚持集团层面统筹推进，子公司层面踏实落地。集团层面，中信集团印发《合规倡议书》和《合规文化建设方案》，通过三年的时间逐步落地"信守合规、人人有责"的合规文化理念,聚焦向下扎根、嵌入流程、走向基层,把风险合规文化放置于企业文化的重要位置,并从组织层落实合规职能、强化高层引领,从行为层严管行为规范、制定履职清单,从观念层持续开展宣贯,组织警示教育。开展签署合规承诺书、组织专题宣传月等主题活动,创刊《中信法苑》等文化宣贯阵地;举办普法及合规培训,其中普法专项活动获司法部颁发的"优秀组织奖";把风险合规文化融入集团企业文化,明确"依法治企、防范风险、主动合规、筑牢底线"的风险合规文化理念。

子公司层面,就金融板块来说,各子公司在中信集团和中信金控领导下,积极推进风险合规文化建设。比如:中信银行每年举办风险合规文化季活动,宣扬"正己守道"合规经营理念,积极推进风险合规体制机制建设,强化员工风险合规意识;中国华融则推动员工签署《合规承诺书》,以此促使员工遵守风险合规管理规则,切实落地风险合规文化宣贯;中信保诚人寿则提出"打通合规最后一公里",积极推进合规文化入脑、入心、入行、入制。

在实业板块,各子公司以内控为抓手,在充分研习外规、对标行业标杆的基础上,统筹推进风险、合规、内控一体化工作,在集团引领下,形成"强内控、促合规、防风险"的整体目标和管理思路(实业板块子公司相关举措示例如表4-3所示)。从优化内控机制建设、搭建关键风险指标体系等方面入手,通过制度重检、流程优化、提升信息化水平等多种方式,与风险合规文化建设同安排、同推进,根据自身实际引导广大员工形成风险合规意识,自觉践行风险合规要求,厚植公司风险合规文化。

表4-3　实业板块各子公司厚植风险合规文化举措示例

子公司名称	举措
中信戴卡	制定《合规通则》《合规风险识别流程》《生产操作规范汇总》《合规机构履职清单》，形成合规体系完善方案等
中信金属	修订采购管理制度、制裁风险管理制度，开展安全生产检查、系列警示教育等
中信建设	梳理重大决策合规审核流程，制定合规基本制度、境外合规专项制度，开展安全生产、消防、环保和纳税申报、分包分供管理方面的合规检查等
中信环境	设立风险与审计委员会，成立合规文化建设领导小组、安全生产委员会等机构，开展内控机制专项优化，完善境外风险合规管理框架，落实品牌合规管理要求

不难看出，中信集团在厚植风险合规文化实践上，既有共性要求，又有个性特色。在"因企制宜、一司一策"原则指导下，中信集团践行精益理念，从多角度、多领域、多方面加强风险合规文化培育，助力集团基业长青。

风险管理实践——风险资产处置

在严格控制风险，保障企业良好运转方面，最为重要的是在聚集价值创造与提升资产效益的前提下，处理好公司的风险资产，尽最大可能发挥出风险资产的余热。中信集团作为规模庞大、业务多元的企业集团，不可避免地存在风险资产。如何处理好公司旗下的风险资产，需要每一个中信人献计献策。在风险资产处理实践方面，中信集团经过多年的探索与总结，形成了独有的中信方案与中信经验，给予同业更多的思考、启发和借鉴。

在中信集团，就金融领域子公司而言，这主要体现在融资融券类业务资产、债券、股权投资、非标资产等资产项目的处置。中信证券某股票质押项目风险的化解，生动展现出中信集团在风险资产处置方面的智慧与能力。2017 年 12 月，标的物跌破平仓线且合约到期，客户无法履约以致该项目成为风险项目。是年底，中信证券在审慎评估项目风险的基础上充分计提减值准备。同时，在该项目违约后，中信证券积极采取措施，启动司法程序，案件最终诉至湖南省高级人民法院，申请冻结标的资产股票寻求处置变现途径。在司法处置期间，中信证券同时积极与客户磋商，最终达成和解协议，客户按和解协议履行了部分还本付息义务，并追加实控人连带担保。在该项目中，中信证券充分预警质押项目的信用风险，项目人员积极采取措施、同时推进多项回收方案，最终在不伤害客户控股权、未对标的股票价格施压的情况下，妥善化解了风险，避免了风险资产可能带来的损失。

推而广之，中信集团金融领域子公司积极进行风险处置，既获得了实打实的经济效益，又为维护金融市场稳定提供了有力支撑，是充分践行精益管理、降本增效的成功范例。

而实业领域子公司的风险资产项目则主要集中于不良项目处置，积极盘活底层资产。其中尤为值得一说的是，中信城开对都江堰一级开发项目的处置。

2007 年 7 月，原中信房地产股份有限公司下属中信华南（集团）有限公司与都江堰市政府签订《都江堰市城市西区（国际休闲度假旅游区）土地整理实施合作协议》，其后设立都江堰市中信投资有限公司（以下简称"都江堰公司"），由其负责落实项目。都江堰公司分别与都江堰市政府、都江堰市土地储备中心签订了一揽子协议，取得都江堰城市西区 3 271 亩一级土地整理项目和安置房、市政工程项目。

2009 年 8 月，都江堰公司与都江堰市政府签订《都江堰市文体公园项目合作协议书》，取得都江堰文体公园 2 100 亩一级土地整理项目。根据当时成都市政府积极引进和规范社会资金进行一级土地整理的鼓励政策（成府发〔2007〕64 号文），项目合作模式为都江堰公司负责投资，提供开发建设资金，修建道路、基础设施和回迁安置房，都江堰市政府负责拆迁征地及土地出让，土地上市拍卖后返还都江堰公司投资成本，并按照约定方式进行土地收益分成。

2011 年，四川省国土资源厅及成都市政府分别发文（川国土资发〔2011〕36 号、成府发〔2011〕26 号），明确规定："企业不得以任何方式参与土地出让收益分成，凡政府与企业签订的土地出让收益分成的相关协议、合同立即终止。"是年 11 月，根据《都江堰市政府办公室关于进一步规范引进社会资金进行一级土地整理意见的通知》，已签订合作整理协议土地整理项目，由市土地储备中心与投资单位重新签订补充协议，终止执行原协议约定的收益分成回报条款，根据投资单位实际投入资金到位金额和时间，按投资年回报率给予投资企业资金成本。都江堰公司负责的土地整理部分分别于 2011

年底和 2013 年初结束，受上述政策调整影响，原收益返还路径被彻底封锁，项目陷入停滞状态。

按照文件要求，为尽快收回项目投资，2015 年底都江堰公司与都江堰市政府签订城市西区土地整理项目的终止协议，对前期投资成本进行确认并全部完成回收。2016 年底二者签订文体公园土地整理项目的终止协议，确认并收回文体公园土地整理项目前期投资成本，但仍未锁定回报金额及回收路径。

就这样，都江堰一级开发项目历经 10 余年未能回收全部资金，形成经营包袱。面对都江堰一级开发项目历时久、存在历史遗留问题多、项目资料不充分等棘手问题，以及地方财政较困难、难以实现还款等现实情况，2016 年，中信城开成立后，对合理有力处置该低效资产予以高度重视。经过几十轮与政府长时间艰难协商，充分研讨财政支付、土地对价、资产对价等各种适宜路径，2017 年底签订项目补充协议，明确土地整理项目的投资回报计算原则和金额，锁定待收回款项。2018 年，在成都房地产调控政策日趋严厉的背景下，双方最终达成一致并签署备忘录[1]，政府同意都江堰公司通过"参与土地拍卖，地价还债"[2]的方式收回投资回报，解决历史遗留问题。此后，通过"买地返款"方式，中信城开抓住市场机遇，积极开展所获都江堰壹街区项目及都江堰彩虹社区

---

[1] 备忘录的签订明确了回收路径，并通过协议对都江堰市政府诚信履约进行约束，规避违约风险。

[2] 即都江堰公司参与公开竞买都江堰市经营性土地，若竞得土地，都江堰市政府按成交总价的 60% 返还一级土地开发待回收款项，若未能成功竞得，土地成交总价中的 40% 用于返还。

项目的对外转让工作，收回全部交易价款，圆满实现项目闭环，腾挪资源效益显著。

节其流，开其源，而时斟酌焉。中信城开开拓创新，克服存量项目处置中的重重困难，在实现经济效益增收的同时，夯实了发展根基，在为公司轻装上阵、推进高质量发展提供有益支持的同时，为同业存量项目处置打开了新思路。

见微知著，通过都江堰历史存量项目处置，不难看出中信集团实业板块子公司在风险资产处置上的谋略，不仅助力资产价值增值，还助力公司恢复"造血功能"，推动转型发展，为集团长远发展储蓄能量，在精益赋能、提质增效的征程中不断开拓新的篇章。

第五章

共享增效：
让知识与文化带来源源动力

员工全员参与，各级公司共享知识、经验、成果、资源与信息，
让五维增效理念得以生根发芽、蓬勃成长。

中信集团作为一家与改革开放同行共生的企业，一直有着与国家、与时代同呼吸共命运的优良传统，而共享是其中最不可忽视的因子，追根溯源，中信集团早就将共享理念融入了自身的发展中。2018年4月，中信集团正式发布"共生共享"的品牌理念和"共创新可能"的品牌主张。这是中信集团依据过去发展经验和未来发展趋势所做出的正确抉择与判断，意味着其在党和国家"创新、协调、绿色、开放、共享"发展理念的指引下，有了更高发展定位与要求。

基于这样的品牌定位，中信集团及其子公司不仅可在业务领域实现新突破，而且可以打破金融与实业领域已有商业模式的局限，将更多分散和隐性的价值点连接起来，互相赋能助力，从而挖掘出更多发展机遇，创造出更多新的可能。从这样的角度讲，中信集团将共享增效作为五维增效机制中的一环，不仅是企业传承的需要，更是融入国家与时代发展大局的必然。

通过共享增效机制，中信集团自下而上，内外兼修，聚

合了更多的改变力量，且依托这些力量，实现了与员工共享
优秀经验、共享诸多知识以及共享发展成果，建立起集团与
员工之间的有机向上、空间无限的"共生体"。中信集团通过
经验和知识的共享交流，让员工们相互学习，互相启发，碰
撞出新的火花，为公司进一步的创新与发展埋下了希望的种
子；通过资源和信息的共享交流，提升公司整体运营效率，
最终实现企业价值的进一步飞跃。

知识共享拓思路

企业的长远发展，归根结底要靠人来推动与落实。企业员工创造的价值直接影响着企业的经营效益。通过知识和经验的共享，让全员参与到降本增效工作中，并通过员工间的相互交流和学习，碰撞出新的火花和点子，激发员工创业干事的热情，这是确保"五维增效"思想在集团生根发芽，保障"降本增效"工作在集团行稳致远的关键所在。

多维共享，共同提升

中信集团十分注重对降本增效工作的经验总结和知识分享。集团每年都会举办形式多样的经验分享活动。自 2020 年起，中信集团多次开展金融板块、非金融板块案例分享会，先进材料和先进智造板块"开源节流、降本增效"成果展示竞赛、科技增效优秀案例分享，员工合理化建议征集等形式多样的专题分享活动。在集团内从多角度打造交流共享平台，创造全员参与、相互分享的工作氛围，调度基层员工积极性，重视专项工作成果、经验及知识的分享。中信集团要求各子公司要善于总结，乐于分享，通过日常的工作积累，源源不断地把降本增效工作中好的做法变成知识、形成制度，最终转换成中信集团的绝招和核心竞争力。兄弟公司之间要不断交流、互相借鉴，共享先进经验。

"五维增效"在实践中的经验和知识累积应当成为中信集团可持续高质量发展的不竭源动力。2021 年及 2023 年，中信集团先后组织两场集团范围的综合金融服务板块交流会活动，邀请麦肯锡、毕马威和中信证券研究部的专家从国内外金融同业角度，介绍金融行业开源降本的最新发展趋势和同业先进案例，并由各金融子公司结合公司自身业务实际，分享本单位推行降本增效工作的主要做法和成功经验，展示了既重视开源又注重降本、既立足当前又谋划长远的工作状态，介绍集团内部"横向到边、纵向到底"的降本增效工作体系，通过对机构、员工和收支项目全覆盖，形成了与业务经营的良性互动、有机融合；金融子公司基层团队员工代表展示了本岗本职落实降本增效要求的生动案例，通过一个个鲜活的故事，体现了"正能量、有温度、贴地气"的精神风貌，展现了中信人投身降本增效工作的生动实践。

2023 年，中信集团"开源节流、降本增效"成果分享交流活动在中信青岛特钢举行。集团领导、集团职能部门领导及十余家子公司领导实地调研青岛特钢生产一线，详细了解降本增效工作在青岛特钢基层开展的实际效果，直观感受专项工作如何帮助青岛特钢扭亏为盈，走出经营困境。参会企业结合调研情况及本公司的工作实际，实地开展经验分享和交流，互相学习，取长补短，相互借鉴，有效促进了降本增效经验及知识在集团内的共享。

另外，中信集团也善于与同业开展更多交流，充分学习、借鉴行业领先企业的成功管理经验，不断缩小与行业领先企业在管理水平、管理体系和管理机制等方面的差距，做强做优做大自己。

上下贯通，全员参与

天下之事，莫难于始，莫大于细，莫重于人。一家企业只有真正实现员工的广泛参与，才能更好地迈向成功。因此，企业无论处于何种状态，都需要不断激发员工的创造活力，鼓励全员参与到公司的发展中。中信集团十分注重员工对降本增效工作的参与度，2022年年度工作会议上，集团领导强调降本增效工作要全员参与，激发广大员工参与的积极性。中信集团为做好"开源节流、降本增效"专项工作，积极采取各种措施、设置多样激励机制，调动广大员工的参与积极性，提高员工参与度。通过让员工参与到决策、创新和改革的全过程，充分发挥员工的智慧和能力，增强全体员工对中信集团的认同感、归属感，从而提高员工的战略执行能力和工作效率，为降本增效专项工作出点子、想绝招，推动集团可持续发展。

中信机电激发全员参与降本增效专项工作的举措具有一定特色——发挥党建引领作用，将党建和经营深度融合。通过"三个扎根""六个面向"落实专项工作的具体要求，实现上下贯通、全员参与，如图5-1。

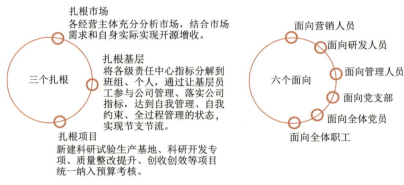

图 5-1　中信机电的"三个扎根""六个面向"

　　具体来讲，一是中信机电工会开展"凝心聚力降成本、集思广益增效益"合理化建议征集活动，鼓励广大职工立足岗位求突破，开动脑筋想办法，营造全员参与增产增效、技术创新提档提质的工作氛围，并且将合理化建议征集活动作为引领职工参与全面预算管理工作的生动实践。其中，合理化建议包括日常费用控制、人才队伍建设、工艺创新、小改小革、工时定额管理、质量管理等。中信机电征集的建议有多项分获集团的一二三等奖。

　　二是持续开展"五小"竞赛、劳模（工匠）创新工作室等活动，并将活动成果有效转化为降成本、创效益的数字指标。中信机电还根据实际情况，将"五小"竞赛活动和职工提合理化建议活动的成果应用到了生产经营工作中，在降低生产成本、创造经济效益的同时，更是极大地调动了全体员工积极参与技术创新的热情，真正实现了全员创新。

　　三是中信机电团委组织开展"降本增效、青年先行""降本增效、我能见效微视频征集""青年创新创效大赛"等活动，组建青年突击队，围绕研发专项、降本增效、管理提升等发挥聪明才智，积极献策，最终创造多项新成果。

中信机电的一系列举措，广泛调动了员工的主观能动性，激发了他们干事创业的热情，为公司降本增效提供了强大的动力支持，也为公司发展注入了蓬勃生机。

中信银行为充分调动广大员工与企业共担责任、共同发展的主人翁精神，非常注重通过具体实践推动全行降本增效走深走实。2022年初，中信银行启动"精益管理、提质增效"金点子活动，为打造价值银行，助推全行高质量发展，实现价值银行目标贡献自己的智慧和力量，旨在挖掘全员智慧和潜能，鼓励全员参与，从大处着眼、小处着手，在精益管理方面建言献策、提供合理化管理建议，积极推动建议方案落地实施。

金点子活动涉及银行前、中、后台各方面的管理。在前台业务管理方面，中信银行从产品创新、客群建设等领域思考管理提升点，支持效益水平提升；在中后台管理方面，中信银行聚焦资源配置、财务管理、风险管理、科技以及组织管理等领域，挖掘管理提升空间，有效节约成本，更好地赋能业务发展。

通过金点子活动，中信银行征集到千余条建议，申报人覆盖总、分、支行各层级，涉及前、中、后台各领域。与此同时，中信银行对这些建议进行评审，选出切合自身实际的金点子，将其转化运用到全行的运营管理中，并积极对运用成效做出反馈，确保优秀建议及时进入决策、融入实践。

员工之于企业，就像水分之于树木、舵手之于轮船。任何企业都需要集合全体员工的力量，才能成长为参天大树、发展成巨型航母。在降本增效专项工作中，中信集团上下联动，鼓励并引导全体员工与集团共担责任、共同发展，立足岗位实际，积极建言献策，为降本增效贡献个人智慧和集体力量。

奖优罚劣，上下同欲

中信集团把降本增效与员工的薪酬和奖励挂钩，在考虑各子公司规模差异、核心产业战略地位以及不同量级规模企业的经营难度的基础上，建立起符合集团实际情况的薪酬体系。通过完善《总部职能部门薪酬管理办法》和各子公司的薪酬管理办法，实现员工薪酬与奖励全覆盖；以经营业绩为依据，以市场对标为导向，统筹兼顾薪酬的外部竞争力和内部公平性，强化员工薪酬与绩效表现的相关性，对优秀人才提供有市场竞争力的薪酬回报，有效激发员工积极性和凝聚力，促进集团持续健康发展；不断创新激励约束方式，综合运用物质奖励、精神奖励和岗位调整等手段，鼓励创先争优。

以中信银行薪酬与奖励设置为例。中信银行将全行经营绩效与薪酬、奖励挂钩，建立起降本增效与长远发展和谐共融的长效激励机制。具体而言，中信银行将重点领域信贷投放、轻资本业务中收增长、存款"量价平衡"发展、资本成本节约、现金清收、运营成本控制等降本增效重点工作任务纳入总行部门考核、分行综合绩效考核以及子公司考核，考核结果与薪酬及费用资源配置挂钩，并对重点业务推动配套专项薪酬激励资源，充分调动各经营主体降本增效的积极性，促进各项任务目标达成。

不仅如此，中信银行为鼓励全行干部职工积极参与降本增效专项工作，还在"精益管理、提质增效"金点子活动中，明确提出设立建言献策奖、落地实施奖和组织推动奖三大类奖项，并配套薪酬激励。

在建言献策奖中，对提出有效建议的申报人，设置普惠奖，对于具备基本实施条件的合理化建议，设置一等奖、二等奖、三等奖，给予一定奖金，并颁发奖状，同时对获奖单位和个人授予"金点子达人"荣誉称号，并颁发荣誉证书。

在落地实施奖中，根据组织实施，落地转化效果等，面向申报项目组评选出"落地实施奖"，设置一等奖、二等奖、三等奖，奖励标准达数万元，同时对获奖项目组授予"精益管理能手"荣誉称号，并颁发荣誉证书。

在组织推动奖中，在分行财资条线考核上设置专项工作"组织推动奖"，根据分行的组织推动、实施效果及获奖情况，评选出若干家分行，颁发奖状，并在分行财资条线年度考核中加 1 ~ 3 分。

通过薪酬与奖励，中信银行挖掘出员工创造价值的最大潜能，让员工不断为公司的高质量发展贡献智慧与力量。在促进全行降本增效目标实现的同时，员工个人的价值也得到了体现。这种"双赢"的局面，让中信银行的发展步子迈得越发稳健，助其走向更远的未来。

中信证券推行"一把手"负责制度，在给"开源节流、降本增效"专项工作开展提供坚强的组织保障的同时，也极大地调动了员工的工作热情。在该制度下，"一把手"亲自挂帅推动专项工作的组织与实施，对专项工作成效负责，坚持奖惩分明，对组织不力、敷衍塞责、弄虚作假的单位，"一把手"将严肃问责、追究责任，从而保证落实集团战略部署，让全员上下高度重视"开源节流、降本增效"专项工作，将开展专项工作作为推动企业实现高质量发展的重要抓手，制订方案、明确目标，细化措施、狠抓落实，在2020—2022年均完成全年工作目标。

中信戴卡制定《降本增效考核激励方案》，考核范围涉及公司多条产线和多个职能部门，表现优秀的员工，可以拿到不菲的现金奖励。中信重工制定《年度降本增效考核办法》，对产品设计、制造工艺、生产管理、费用管控、职能创效等各类降本增效目标进行考核，通过严格考核，兑现奖罚，确保各项工作按计划推进，以实现预期目标。中信海直发布《关于表彰年度市场开拓和降本增效专项工作的决定》，对在降本增效专项工作中表现突出的单位及部门给予表彰和奖励，以弘扬正气，激发员工奋勇上进，争当公司主人翁。

中信集团在各项制度与规则激励机制约束下，真正让员工参与到集团降本增效实践中，有效推动集团经营效益提升、成本下降，为集团建设奠定了牢固根基。

文化培育聚人心

　　优秀的企业文化，能够塑造组织的共同价值观和员工行为规范，可以增强企业凝聚力，提升员工认同感和忠诚度。中信集团企业文化内容丰富，集中体现在以荣毅仁同志倡导的 32 字中信风格[1]为基础形成的企业文化和价值理念体系，是中信事业发展壮大的力量之源。在降本增效工作方面，中信集团常抓不懈、久久为功，已经让"开源节流、降本增效"的理念在中信深化深植。降本增效理念和"过紧日子"思想已经成为中信人的共识。针对降本增效工作，集团要求全体员工做到思想上持续重视、行动上持续自觉、成果上持续分享；要求各子公司不断加强交流、相互借鉴、共同提高，进一步锻造抵御风险、穿越周期的免疫力和竞争力，为集团实现长期稳健经营和高质量发展提供有力支撑。

1　32 字中信风格是指：遵纪守法、作风正派，实事求是、开拓创新，谦虚谨慎、团结互助，勤勉奋发、雷厉风行。

建设专项文化

2020 年，中信集团以编制集团"十四五"规划为契机，将文化理念融入集团发展战略，确立了"践行国家战略，助力民族复兴"的使命要求和"打造卓越企业集团，铸就百年民族品牌"的发展愿景。

同时，中信集团还通过专项文化建设提升管理效能，为打造国内领先、世界一流的企业集团凝心聚力。

2021—2022 年，中信集团大力加强责任文化建设，制定了责任文化理念和宣传语，倡导"由我来办、马上就办、办就办好"的工作作风，营造出履职尽责、勇于担当的浓厚氛围。各子公司在责任文化讨论活动中将文化建设和经营管理相结合，研究重点问题 2 300 余个，形成解决方案约 600 项，以实际成果践行责任使命。

系统内各单位积极践行责任文化理念。中信银行秉持"文化治行"理念，将责任文化融入业务发展和经营管理，做有担当、有温度的银行。一是支持小微企业，将践行普惠金融作为服务实体经济的出发点和落脚点，将普惠金融纳入新三年发展规划和"342 强核行动计划"，建立由董事会负责战略规划、高管层推动落实的普惠金融管理架构，推动小微企业金融服务稳健发展。截至 2023 年 6 月末，普惠型小微企业贷款余额约为 5 079 亿元，较上年末增加约 619 亿元，贷款增速高于各项贷款增速 7.14 个百分点；有贷款余额客户数约为 26 万户，较上年末增加约 3 万户。

二是认真贯彻中共中央、国务院关于乡村振兴的战略部署，将用"金融活水"为乡村振兴"蓄能加势"作为践行金融国企的责任担当。严格落实监管政策要求，制订乡村振兴行动方案，通过体制机制建设、政策支持保障等措施，持续构建自身在乡村振兴领域的特色化服务能力，不断提升金融服务乡村振兴的工作质效。截至 2023 年 6 月末，中信银行涉农贷款余额约为 5 476 亿元，较年初增加约 607 亿元，增长率为 12.46%。其中，普惠型涉农贷款余额约为 387 亿元，较年初增加约 56 亿元，增长率为 17.01%，贷款增速高于全行各项贷款平均增速；农林牧渔、农业农村基础设施建设、粮食重点领域、新型农业经营主体等重点领域贷款均实现较好增长。

2022 年，中信集团工作会议明确将推进合规文化深植列为重点任务。为此，中信集团风险合规部制订了合规文化培育、根植、深化三年行动规划，发布《中信集团合规倡议书》，全体员工签订《合规承诺书》，持续开展制度合规、强内控、反洗钱等主题宣传月活动，多措并举培育合规文化。

此外，为进一步深化母子文化建设，提升管理效能，中信集团还广泛开展企业文化建设调研，通过填写问卷、实地走访、定向指导等方式强化集团文化意识，督促子公司传承弘扬中信风格等优良文化基因，构建在集团范围内融合共生的特色文化。

中信重工作为中国工业的脊梁，积极传承弘扬焦裕禄精神与劳模精神、工匠精神，赋能中国制造不断提升"硬实力"。一是在弘扬焦裕禄精神的实践中传承工匠精神。中信重工推崇精益求精、追求极致，重视营造尊重劳动、崇尚技能的企业文化氛围，鼓励员工不断精进、埋头苦干，让敬业、精益、专注、创新的工匠精神薪火相传。

二是将工匠精神融入技术创新，全面提高生产效率。建立了22个劳模工匠创新工作室，围绕新技术、新工艺、新设备、新材料等"四新"技术方向，创新突破生产制造工艺技术瓶颈，不断降低产品制造成本，有效提升生产效率和产品质量。通过采用新技术、新型刀具，大型磨机筒体孔及法兰端面孔加工质量明显提高，加工效率提升18%，多瓣筒体、端盖、齿圈结合面镗铣效率提高32.5%，磨机小齿轮轴加工效率提升10%；对工艺和造型方法进行优化和创新，单件造型工期由15天缩短为7天左右；破碎机机架锥面一次加工合格率达到100%；横梁及机架精镗加工效率提高27%；圆锥破碎机装配试车效率提升约20%。

三是强化知识管理，以"师带徒"模式提升职工整体素质。中信重工冶炼车间50吨电炉班大班长、大工匠杨金安，以"6S管理"和"标准化"为手段，形成一套生产效率高、钢水质量稳定的石化加氢钢冶炼典型操作规范，整理出一批先进操作法并汇编成册，依托"工匠大讲堂"等创客群活动，带出一支活跃在生产一线的特别能吃苦、特别能战斗、特别能创新的技术工人队伍。"杨金安大工匠工作室"通过优化操作法和提高炉体寿命，年节约耐火材料价值102万元，效率提升15%；通过加强精细化配料，年实现效益900余万元；通过规范上、下注钢锭操作法，年创效200余万元。

中信重工冶炼车间充分利用合金熔化炉的优势资源，最大程度提高合金熔化炉产能，合理安排炼钢计划，增加合金熔化炉开炉次数，最大限度回收金属炉料中的硅铁、锰铁、铬铁、镍、钼、钒等残余合金元素，节约合金消耗量。

四是强化基层班组建设，促进全员降本增效。2020年，中信重工在发扬大工匠精神的基础上，启动"五星班组"创建活动，以树立"安全之星""质量之星""效率之星""降本之星""文明之星"为榜样，通过保安全、提质量、增效率、抓节约、美环境等系列活动，强化班组管理，夯实基层管理基础，促进全员降本增效。

中信重工通过发扬工匠精神，并将其融入公司文化体系，不仅实现了从产品设计、工艺策划到生产制造的全流程、全方位降本增效，还为自身质量效率双提升赋予了新动能。

此外，中信证券以中信集团企业文化为根基，以践行证券行业文化为导向，深入挖掘文化资源，发布全新企业文化体系，为公司高质量发展提供更加强大的精神支撑和动力源泉。中国华融划转中信集团管理后，积极导入中信企业文化，采取多种形式广泛组织学习、宣传、践行中信集团32字中信风格和"由我来办、马上就办、办就办好"的工作作风，强化对中信集团"母文化"的认知认同，进一步明确自身"践行国家战略、服务实体经济、化解金融风险"的发展使命、"聚集不良资产主业、打造一流金融资产管理公司"的发展愿景，积极建设"忠诚、尽责、务实、敬业"的华融企业文化，引导广大员工在思想文化上融入中信大家庭。

中信集团通过不同专项文化建设，不断丰富拓展集团文化内涵，应时顺势调整自身企业文化战略定位，为集团发展提供源源不竭的能量，让集团的道路越走越宽阔。

打造学习型组织

好学才能处变不惊，善学才能应变图新。中信集团坚决贯彻落实习近平总书记关于建设学习型大国等的重要指示精神，以高质量服务集团生产经营大局为目标，以高质效提高干部职工能力素质为主线，高标准、纵深化推进新型学习型组织建设。

一方面，中信集团发挥党员领导干部示范作用，形成以上率下的浓厚学习氛围。中信集团党委非常重视理论学习，采取党委会"第一议题"等方式，跟进学习习近平总书记最新重要讲话精神和中共中央、国务院重要会议精神，及时与中央精神对标对表，统一思想、凝聚共识。党委班子成员创新探索"学、研、转、讲"学习方法，带头深学深悟习近平新时代中国特色社会主义思想，聚焦党和国家战略开展课题式研讨交流，推动学习成果转化为企业高质量发展成效，引领集团学习型党组织建设，形成崇尚学习的良好氛围。

另一方面，中信集团通过多种举措，为广大员工打造读书学习的平台。一是广泛开展群众性读书活动。从2009年开始，中信集团就持续开展"学知识·强素质·促成才"群众性读书活动，激发广大员工读书学习的热情。与此同时，中信集团直属机关党委每年都组织开展与读书相关的活动，如：制订读书计划，为员工推荐优秀图书；通过中信读书会，为员工提供音视频课程、私享读书会、大咖直播、高端论坛等阅读服务；开展读书征文活动；等等。

二是打造丰富多样的学习载体。比如，打造知识型内容服务聚合平台——中信书院。其目标是给中国主流群体提供全形态、系统性的知识服务，给每个用户定制自适应的知识进阶解决方案。作为中信集团旗下的知识传播平台，中信书院先后举办了多场高端学术论坛，组织了前沿科技、互联网＋、社科文化等领域的著名学者进行学术交流和探讨。再如，利用互联网技术建立云端图书馆，为读者提供免费借阅服务，让读者的学习途径变得更为便捷。此外，中信集团还在不同地区建立了中信书吧、职工阅览室等，为广大员工创造良好的学习环境。

中信集团致力于打造学习型企业，引导广大员工不断阅读与思考，保持企业生命力与战斗力。显然，持续不断的学习是中信集团永葆活力的基础，是中信集团战胜艰难险阻、不断攀越新高峰的动力引擎。

资源共享增效益

　　随着经济全球化的不断深化及我国市场经济的发展，大型企业集团传统的内部金融资源管理模式逐渐暴露出越来越多的问题，已难以适应现代化企业集团的发展，如何高效地使用有限的资源、通过资源的优化配置和共享提升整体资源使用效率是大型企业普遍面临的挑战。与此同时，随着财政部《金融企业财务规则》和国务院国资委《关于推动中央企业加快司库体系建设 进一步加强资金管理的意见》等文件的出台，中央企业司库体系建设被提上日程。

　　中信集团深入学习习近平总书记关于国有企业改革发展、深化供给侧结构性改革和防范化解重大风险等的重要论述，结合自身业务涉及行业多、地域广，产业布局综合金融服务、先进智造、先进材料、新消费、新型城镇化等多个领域，子公司之间缺少天然的上下游结算闭环，以及历史上各子公司形成相对分权的管控文化等客观实际，高度重视司库体系建设，不断创新司库管理实践，通过司库体系的建设、完善及不断的改革，提升集团整体资金使用效率，通过资源共享为集团增效。

2012 年，中信财务成立。此后，按照"市场化"和"创新"原则，中信财务在资金集中管理方面进行了探索。经过摸索与实践，2017 年，中信集团的日均资金集中规模达 188 亿元，对外整体负债有所降低，资金集中管理取得初步成效。但依然存在一些问题，比如：可集中的子公司资金和可置换的外部债务都有很大空间，内部资金配置渠道仍然不够畅通，导致集团整体负债水平和杠杆率虚高；集团流动性管理和市场风险管理体系也较为碎片化，亟须结构性整合。因此，中信集团党委认为，纯粹依靠市场化方式推进资金集中管理改革，已与落实中共中央和国务院决策部署、适应日趋复杂的国内外竞争环境、推进集团自身深化改革和转型升级的要求不相适应，加快司库体系改革、创新实践刻不容缓。同年，集团党委决定在集团层面成立库务部，同时探索将境外金融资源纳入司库管理体系，逐步形成境内"集团库务部 + 中信财务"和境外"股份库务部 + 中信财务（国际）"的"双主体""双平台"司库组织架构体系。

2018 年 5 月，中信集团推出"资金集中管理改革 1.0 版"专项工作，温和提出资金集中度达到 50% 的目标。2020 年 7 月，中信集团召开年中工作会议，正式提出"加大资金集中管控力度，在现有 50% 集中度的基础上，2020 年要达到 60%，2021 年要达到 70%，2022 年要达到 80%"的目标要求。8 月，中信集团正式启动"开源节流、降本增效""压降层级、瘦身健体"专项工作，这新一轮的资金集中管理改革成为其中的一项重要内容。自此，"深化资金集中管理改革 2.0 版"

专项工作正式启动。

　　经过 4 轮调研[1]、8 项专项研究[2]，中信集团刻画出资金集中管理改革 2.0 版的初步脉络。而资金集中管理改革 2.0 版方案经过 30 余次修改、打磨，得以不断优化升级，最终在 2020 年 9 月 22 日获得集团党委审批通过。同月 23 日，中信集团下发《关于开展中信集团深化资金集中管理改革 2.0 版专项工作相关要求的通知》。28 日，中信集团召开"深化资金集中管理改革 2.0 版"专项工作启动会，向主要子公司传达"深化资金集中管理改革 2.0 版"的具体工作方案。

　　该改革方案以提升资金集中度为核心目标，以账户集中和金融性投资管控为突破口，以深化集团司库体系与中信银行协同创新为着力点，制定完整的奖惩、问责和监督体系，打造改革闭环，助力集团降杠杆、降本增效和实业

1　4 轮调研：第一轮调研由库务部与中信财务协作考察子公司现有账户开立情况，旨在掌握子公司账户开立及授权执行情况。此次梳理实现账户全面透视，为下一步合理制定子公司开户行白名单奠定基础。第二轮调研在同类央企中展开，主要对央企现有资金管理、账户管理等规章制度进行研究。库务部参考了很多兄弟企业的成功案例和经验，努力向同业最高水平看齐，以便全面做好资金集中管理顶层设计。第三轮调研针对集团子公司，从账户集中管理、金融性投资管控、资金集中管理等方面入手，通过调查问卷并辅以当面沟通等调研形式，对各子公司资金集中情况和意见建议进行全面调查和分析。此轮调研旨在了解各子公司当前资金集中状况、参与资金集中可能带来的收益或损失、受限资金的业务背景以及后续资金安排，倾听子公司面临的问题与诉求，结合子公司实际情况制定资金归集考核要求，并首次明确大额受限资金白名单。第四轮为专项调研，库务部有针对性地关注境外企业及上市公司的特殊监管环境。此轮调研旨在明确各监管机构对境外和上市子公司的监管规定，核实对此类公司进行资金归集是否有实质性障碍。

2　8 项专题研究：（1）总部及境外 SPV（special purpose vehicle，特殊目的载体）公司账户及资金方案；（2）金融性投资及账户风险排查；（3）"一司一策"归集方案；（4）结算集中；（5）奖惩方案；（6）监管政策；（7）方案测算；（8）协同方案。

投资。

这次资金集中改革的创新之处在于，建立了一整套奖惩、问责和督导机制。通过考核、绩效与奖金分配、干部管理、业务批准、纪检监察、巡视等，多管齐下，开创性完善管理闭环，切实提升改革方案的执行质量。

一个顺应发展形势的改革亮点是，2021年6月，集团党委决定由集团库务部牵头，会同中信银行和中信财务，深入发掘中信银行和中信财务的比较优势，创新司库体系与中信银行的协同机制，妥善处理子公司资金的存放方式，加大双方在结算、同业、票据和国际业务等方面的合作深度，同时探索共同为子公司上下游产业链赋能和服务，推进集团党委"整合、协同、拓展"新战略落地生效。

中信集团仅用15个月时间便实现了资金集中管理改革2.0版的目标。2021年，中信集团日均资金集中规模显著提升，达到476亿元，年末资金集中度达到81%。至此，中信集团基本实现企业银行账户与资金流动信息的动态可视和穿透监测，一体化流动性风险管理和市场风险管理体系效用初显，国产化自主研发的司库信息系统也全面上线。中信司库体系借由迭代创新的管理实践，逐步趋向成熟。

2022年初，中信集团紧扣"三新一高"[1]要求，以供给侧结构性改革为主线，接续推出深化资金集中管理改革3.0版改革方案。该方案以"整合、协同、拓展"为指导原则，立

1　中国共产党新闻网.十九届中央第六轮巡视整改聚焦"国之大者"紧扣"三新一高"推进当下改与长久立［EB/OL］.［2021-10-29］.http://fanfu.people.com.cn/n1/2021/1029/c64371-32268005.html.

足结构优化和质效提升，将司库体系与降本增效、市值管理、协同战略、全面风险管理有机结合起来，探索司库体系与中信银行的深度协同，坚定支持中信银行长期健康发展，并明确提出 2022 年资金集中度要保持在 80% 以上，其中财务公司的日均资金集中度应达到 70%。

此次改革进一步加强资金的集约、高效和安全管理，构建境内外本外币一体化、资金风险管控全覆盖、业务协同生态圈有机化的管理体系和管理机制，向更高标准、更高质量、更高效率的中信特色司库体系和创新模式稳步迈进。

司库体系的本质是将资金、信息和风险作为战略资源进行统一管理、优化配置和开发利用，在集团层面以集中和共享为理念，通过机构设置及机制设计，将散落在集团各个子公司的资源统一调配，集中管理，提升资源的使用效率，在不增加资源的前提下，提升企业集团内部金融资源的集约化利用程度，进而提升集团整体的效益和价值，为企业管理体系改革注入强大动能，因而能实质性改善企业财务基本面，增强企业竞争力、创新力、控制力、影响力和抗风险能力。

中信集团历经多年改革实践，逐步形成了一套契合中信实际、富有中信特色的司库管理模式。不仅有利于全面提升集团财务管理精益化、集约化和智能化水平，夯实了建设世界一流企业的管理基础，而且通过建立健全境内外一体化的司库体系，纵深推进资金集中管理改革，全面覆盖境外资金管理"盲区"，培育安全高效的金融资源调度和配置能力，服务服从于业务经营全球化布局并有效应对复杂外部环境，实现对资金等金融资源"看得见、管得住、调得动、用得好"，从而更好地服务和融入构建新发展格局，更大力度推动共建"一带一路"高质量发展。

信息共享提效率

中信集团通过共享平台搭建，打通管理流程关键节点，提升管理信息化水平，在信息交换的速度及广度上都实现了飞跃，全面提升了管理效率，并通过管理效率的提升实现效益的增长。

以中信泰富特钢财务共享中心建设为例。为实现"创建全球最具竞争力的特钢企业集团"的伟大愿景，深入贯彻集团"十四五"发展战略，实现"价值创造、技术创新"的数字化转型，2021年9月，中信泰富特钢财务共享中心建设拉开序幕。

财务共享中心蓝图规划设计于2022年1月完成，财务共享涵盖了集团采购至应付、销售至应收、费用报销、资金结算、资产结算、总账报表六大类业务。同年10月1日中信泰富特钢集团总部、兴澄特钢、扬州特材、泰富悬架四大板块财务共享试点上线。12月1日，大冶特钢、青岛特钢、靖江特钢、铜陵特材、浙江钢管五个板块财务共享全面上线。2023年1月，天津钢管并入中信泰富特钢集团，财务共享中心财务共享平台充分发挥了标准化、流程化、快速覆盖的优势，于 6 月 1 日对天津钢管板块实现了全面覆盖，全面支撑天津钢管的财务核算和财务管理，至此，中信泰富特钢财务共享中心实现了集团所有板块公司全覆盖。

中信泰富特钢财务共享中心采用"6（业务模块）+1（运营管理）"模式设置其组织架构，对接了下属各企业产销系统、集团供应链系统、营销管理系统、eHR（electronic human resource，电子人力资源管理）系统、OA（office automation，办公自动化）等 16 个异构系统，通过系统数据的实时交互，保证财务共享数据的高质量、高标准、高价值。

具体而言，一是数据管理助力核算标准化。财务共享平台实现了全集团客商主数据、员工主数据、银行联行号、合同支付与商务条款的标准化管理，并进一步实现了标准数据的线上化管理，在会计核算方面 1~6 级科目整体实现标准化，并通过业务场景的梳理，统一配置了会计凭证模板 91 个，各类凭证分录 818 条，实现了单据提交、审核、凭证自动生成、付款全流程线上标准化处理，大大降低了业务风险，规避了标准不统一引起的业务冗余问题，提升了全集团管控能力。

二是银企直连增强结算安全性。基于财务共享平台，报账支付流程在结算节点统一部署了 18 家银企直连接口，支持现汇结算、票据结算、工资代发等，在加快收付速度的基础上提升了支付的稳定性，并结合 CA（certificate authority，证书授权）安全认证进一步加强了银企支付安全性，凭借标准化与现代化手段为财务的资金收付工作保驾护航。

三是自动功能促进流程高效化。财务共享平台实现了银行流水自动分拣功能，通过银行获取收款流水后系统自动识别并分拣下发至各企业产销系统，通过规则的设定实现系统内不同类型款项的自动认领，实现了收款的高效化自动化；通过单据信息系统自动识别集团内部关联交易，并进一步完成应收账款单据与应付账款单据在系统中的关联对账，提高了内部关联交易对账工作效率及对账及时性。

四是差旅平台实现报销便捷化。财务共享中心引入差旅平台为全集团提供统一购票订房渠道，对公结算取代员工报销，有效地将员工费用报销周期平均缩短 3~7 个工作日，员工报销最快一个工作日内到账；同时，差旅平台引入中信泰富特钢下属各企业协议酒店及中信内兄弟企业协议酒店，享受大客户协议优惠折扣。通过系统预算控制、差标设置并结合 OCR 识别、发票查重验真等功能，平衡了差旅事项的复杂多样性与差旅标准的管控智能化。

五是移动应用提升审批及时性。财务共享平台实现与企业微信的高度集成，包括移动差旅申请、移动订票、移动审批等功能，极大加快了业务审批流程，提升了操作便捷程度。

六是合并升级推动报表智能化。财务共享中心合并报表系统升级实现上市公司定期报告、管理报表以及综合套册的智能取数与自动生成，通过接口抽取报表所需各类数据，形成报表数据池，通过规则设定实现中信泰富特钢 HFM 与 Tagetik 单家与合并套册的自动化报送，为集团战略决策与目标制定提供及时的数据支持。

通过财务共享中心建设，中信泰富特钢取得了良好的成效。首先是优员增效。一方面在集团业务量整体不变的情况下，运用财务共享信息平台，将资源、业务集中到财务共享服务中心后，通过流程的优化和 IT 系统支撑，一个人能处理几个单位相同岗位的业务，消除了重复的、非增值的作业，目前财务条线已优员 10 人，年度优员目标是 25 人；另一方面推行财务系统集中一站式管理，进行财务资源整合，在全业务、端到端流程纷纷流入财务共享中心后，运用智能技术进行稽核规则的自动梳理、RPA 财务机器人的训练、运行质量实时监控等，实现财务会计工作的自动化、智能化处理，大大提高了工作效率。

其次是打通系统壁垒、减少重复建设。系统壁垒主要问题在于企业内部存在着业务相关却各自独立的系统，各自独立的系统之间数据不互通，导致业务处理与流转效率低下。财务共享中心的建立，打通了业务和财务端到端的数据，极大地提高了信息处理与流转的效率，同时，银企直连、进项税抵扣平台等系统的统一建设，降低了各板块各自搭建系统的成本。

最后是降低审计成本。《中国注册会计师审计准则第 1211 号——重大错报风险的识别和评估》中指出，注册会计师应当了解被审单位如何应对信息技术导致的风险，这意味着信息系统的风险识别与风险应对是审计的一项必不可少的工作。相较于人工业务处理的不可预测性，信息系统的业务处理一贯性能够显著降低审计人员的工作量，审计人员的大部分工作内容转化成对业务系统、财务系统等信息系统的监测与控制，这也进而会提高审计效率，降低公司整体审计成本。

基于中信集团综合金融服务板块"十四五"发展规划和

中信金控"一四三五"发展战略[1]，并借鉴国内外大型企业先进实践经验，中信金控启动了共享平台建设。

2022 年 5 月，中信金控启动财务共享中心 1.0 建设。同年 11 月 30 日在中信金控本部、中信银行和中信信托成功上线运营。财务共享中心 2.0 建设则依托中信集团数字化基础设施，贯彻数字化理念，在 1.0 建设成效的基础上进行组织范围全面推广，充分发挥成本集约化效应，并持续深化运营管理，为集团内子公司提供优质、高效的财务管理服务。

与此同时，为构建良好有序的采购生态圈，树立行业采购数字化转型标杆，中信金控以"全品类管理、全流程管控、全场景覆盖、全数据分析"四全管理为目标，积极推进集采平台建设。2022 年 11 月，中信金控打造的集采平台正式上线，中信金控总部、中信银行、中信信托首批接入使用，且运行情况稳定。

中信金控共享中心聚力打造的财务共享中心和集采平台，聚焦财务和采购两大共享职能的建设和推广，最大程度发挥出财务共享中心和集采管理平台的规模效应，释放共享平台价值，支撑中信金控业务高质量发展，实现集约管理和降本增效。

2023 年，中信集团按照"两步并一步"要求，启动中信金控财务共享中心 2.0 建设，并逐步向子公司推广，以进一步释放平台效能，实现共享模式创新突破。同时，中信金控

---

1 "一四三五"发展战略，即打造具有全球影响力和卓越竞争力的世界一流金控平台，提升统一客户服务、业务协同、全面风险防控、先进科技赋能四大功能体系，构建大财富、大资管、大融资三大核心能力，做强银行、证券、信托、保险、资产管理五大细分领域。

共享中心主动对齐"先进后援共享中心"[1]（见图5-2），锚定目标勾勒蓝图、前瞻设计、稳步推广、深度赋能，加快打造符合中信金控实际、具有中信金控特色的高水平数字化后援共享中心，落实"降本增效、防范风险"等建设目标和要求，进一步释放共享平台效能和价值，提升公司战略整合能力与核心竞争力。

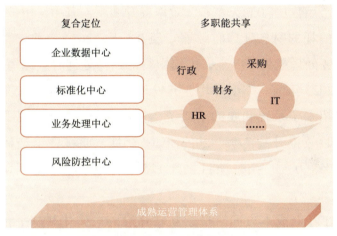

图5-2　先进后援共享中心运营管理体系

中信金控打造的财务共享和集采平台，在加强风险防范、提高服务效率、降低成本三方面起到了重要作用。在风险防范方面，建立起人防、机防、智防"三位一体"的立体防控

---

1 先进后援共享中心是针对大型集团化公司的全球营销战略以及跨地区多元化发展的趋势而诞生的，指通过总部统筹规划设计，并在子公司实施推广应用，将集团内相同、重复的支持性工作和专业服务工作进行资源整合，通过引入市场机制等方式提供专业化、标准化、规模化的统一后援共享服务，为集团化公司业务扩张和高质量发展提供强支撑、深赋能。其定位为企业数据中心、标准化中心、业务处理中心、风险防控中心。

体系，实现"事前－事中－事后"全流程风险防控闭环管理，有效防控财务合规风险，坚持采购业务的公开、公平、公正，达到有效降低风险成本的目的。

在服务效率方面，通过共享平台建设驱动资源整合和流程优化，实现财务和采购流程再造、专业化分工以及信息平台搭建，充分整合业务流、核算流和资金流，促进业务流程标准化、规范化、高效化。比如，财权处理时效从原来的2.5天，缩短至0.5天左右，效率提升80%。其中，中信金控、中信信托的财务处理时效缩短至0.5天，2023年前三季度月均业务处理量为795笔；中信银行的财务处理时效缩短至0.8天，2023年前三季度月均业务处理量为15.7万笔。集采平台上线招采子系统和履约子系统，使总体招投标时间下降到3天，时效提升约77%。2023年1—9月，商城订单金额累计达5 758万元，招采项目累计125个，招采项目金额累计达23亿元。

在降低成本方面，打造互联互通的一体化共享平台，既可减少子公司重复建设投入，释放人力资源，节约人力成本，又可发挥规模效应，降低采购成本。比如，通过提升集约化以及线上化处理效率，净释放子公司基础财务核算人员及采购人员24人，集采平台提升子公司采购业务人效20%，财务共享节约基础业务处理人力65%，2024年预计节约人力成本2 000万元左右。

通过共享中心建设，可以不断强化职能间的协作，持续推动数字化转型战略和数字化运营模式迭代升级，为中信集团高质量发展保驾护航。

结 语

五维增效引领未来

知所从来，方知所往。我们了解了五维增效的来源、内涵、价值与意义后，便可以得出这样的结论：中信集团的五维增效机制是一种与时俱进的经营理念，既能为当下企业高质量发展破局，又能引领企业走向更广阔的未来。

党中央明确指出，高质量发展是全面建设社会主义现代化国家的首要任务，[1] 必须更好统筹质的有效提升和量的合理增长。[2] 这充分体现了我们党推动高质量发展的坚定决心，也进一步为企业推动高质量发展指明了前进方向、提供了重要遵循。在我国经济社会驶入高质量发展赛道的同时，世界百年未有之大变局也在加速演进，全球产业链震荡，国际货币金融市场波动。面对复杂严峻的国际形势，企业作为中国经济社会的主要组成部分和中国经济高质量发展的重要动力，

1　中国共产党新闻网.高质量发展：全面建设社会主义现代化国家的首要任务［EB/OL］.
　　［2022−10−31］.http://theory.people.com.cn/n1/2022/1031/c40531−32555578.html.

2　中国共产党新闻网.代表委员热议"四个必须"必须更好统筹质的有效提升和量的合理
　　增长［EB/OL］.［2023−03−13］.http://cpc.people.com.cn/n1/2023/0313/c64387−32642875.html.

更要经受住内外部种种不确定因素的考验。企业对外需要持续激发外拓能量，充分调动一切积极因素；对内需要以效率变革和管理变革为抓手，坚定不移地深化改革发展。

征途漫漫，使命艰巨。中信集团作为大型国有综合性企业集团，始终心系"国之大者"，贯彻落实党的高质量发展要求，锚定建设世界一流企业目标，持续探索并实践五维增效机制。积极发挥产融并举综合协同优势，增强自主创新能力，聚焦"卡脖子"技术攻关，深化精益管理成效，推动知识经验共享。在积蓄更多新动能、创造更多新可能的同时，切实服务实体经济，为社会主义现代化建设、为中华民族伟大复兴添砖加瓦。

以协同增效构建融合生态

中信集团拥有多元化业务布局的资源禀赋，金融服务与实体产业并驾齐驱，传统动能与新经济共生共存，境内业务与境外业务相辅相成。通过构建协同合作机制体制，建立中信联合舰队，中信集团的协同战略在助推高质量发展方面成效显著。

对内，中信集团建立了集团－子公司－区域分支机构的多层级协同组织体系，形成矩阵式协同网络；紧抓数字化发展机遇，通过信息化手段构建高效协同生态；打破子公司之间的信息壁垒，创建出充满活力的协同生态圈，推动集团整合汇聚资源，为五大板块赋能。

对外，中信集团坚持"一个中信，一个客户"的协同理念，创造更开放协同环境，实现企业与客户互利共赢。中信集团坚持以客户为中心，通过对外战略合作，与地方政府、国内外企业集团建立战略合作伙伴关系，助力子公司拓展市场，实现转型升级。

中信集团的协同战略补短板、锻长板，构建起和谐共生的融合生态，既打开了自身发展的新局面，也巩固了核心竞争力，其带给中信集团的不仅是从增长到增效的转变，还有符合未来发展趋势的选择。在新一轮的企业改革过程中，中信集团将继续深化协同机制、整合协同资源、创新协同模式，最大程度挖掘协同价值、凝聚发展合力，为集团"十四五"期间实现"十百千万"目标赋能，也为国有企业改革提供"中信答案"。

以创新增效驱动发展动能

习近平总书记指出，"高质量发展要靠创新。"[1]创新是一个国家、一个民族、一个企业发展进步的不竭动力。中国经济由高速增长阶段转向高质量发展阶段，如果走不出一条创新之路，就闯不出一条制胜之道。

纵观世界上的百年企业，能在大浪淘沙的历史变迁中存活并壮大起来的，大多有着敢于创新变革的精神。中信集团在四十多年的时间里，从无到有发展成一家综合性跨国企业集团，创新的基因在其中发挥了不可替代的作用。无论是创立金融控股公司，实现金融全牌照融合发展，还是坚持自主

1　人民网.［每日一习话］高质量发展要靠创新［EB/OL］.［2022-01-18］.http://politics.people.com.cn/n1/2022/0118/c1001-32334221.html.

科技研发，在众多制造业细分领域走在世界前列，抑或是率先走向海外市场，打响中信名片，都显示出活跃的创新基因。当前中信集团正在推进新一轮的创新增效实践，以技术创新、模式创新、业务创新和理念创新，引领效率、质量、动力和绿色变革。

未来，中信集团将坚持把创新当作第一动力，摆脱路径依赖、丢掉速度情节，以创新变革谋求长远发展，让创新激发出高质量发展的新动能，全力从"量的积累"向"质的飞跃"迈进。

以科技增效创造更多可能

国家"十四五"发展规划把科技放到更高战略高度，要求把科技自立自强作为国家发展的战略支撑，这表明科技创新势必成为带动中国经济跃升的关键举措。

中信集团坚持以国家政策方针为指引，发布了《中信集团科技发展"十四五"规划》，评比集团十大科技创新项目，并明确提出到 2035 年要把集团建设成为国内领先、国际一流的科技型卓越企业集团。中信集团坚持以创新为驱动，加强科技攻关，积极拥抱数字化浪潮，全面推进"数字中信"建设，力争既通过科技赋能集团长远发展，又为科技强国贡献中信力量。

新一轮科技革命正在兴起，中信集团将持续在科技创新上狠下功夫，向世界分享更多智慧方案，贡献更多科创成果，助力中国的高质量发展。

以精益增效夯实发展根基

加快建设世界一流企业已成为党中央、国务院推进经济高质量发展、深化国有企业改革的重要举措。中信集团始终发扬争创一流的卓越文化，在多个领域争做行业发展的领导者和行业标准的制定者，坚持精益求精的工作标准，追求更优的品质和更好的效益，不断推进精益增效，加快建设世界一流企业步伐。

因此，中信集团把精益增效作为五维增效机制的重要部分，在全集团提出加强精益管理，夯实世界一流建设基础，自上而下推行精益化生产与精细化管理。落实到行动中，中信集团及各子公司以对标提升为抓手，开展对标提升行动，固长板补短板，提升企业核心竞争力；强化工艺精进与新技术应用，优化生产采购流程，促进企业生产效率提升和成本费用压降；加强资本管理，厉行勤俭节约，建设全面风险管理体系，持续强化精益管理水平。

无论是从当今发展趋势来讲，还是从中信集团面对的经营现实来看，精益增效都是中信集团突破发展困境、融入新发展格局的关键措施。深化精益成效，夯实发展根基，更是未来中信集团持续推动高质量发展的必然选择。

以共享增效提升增长势能

聚合改变格局，共享成就未来。在这个复杂多元且快速变革的时代，企业要做到基业长青，一大法宝便是共生共享。

通过共生共享，可以聚合资源干成大事，可以拉近距离强化信任，可以亲密协作应对挑战。

中信集团倡导共生共享合作理念，以互利共赢为基础，构建协同朋友圈和利益共同体，推动总部和子公司、各子公司之间进行知识共享、资源共享、信息共享，共创新可能，提升集团增长势能。同时，为使人的潜能被最大程度激发出来，使员工由内而外理解认同五维增效理念，中信集团从企业文化建设、激励机制设置、共享平台搭建等方面着手，不断提升员工的获得感、认同感和幸福感。

以人为中心，激发员工的创意和热情，贯彻执行共享增效，成为中信集团不断向上迈进的重要加持。员工在践行共享增效机制中，得到了确确实实的实惠，也获得了成长和跨越；而企业也在这一过程中，获得了扎扎实实的效益增长，进一步夯实可持续发展基础。

中信集团的"开源节流、降本增效"专项工作从 2020 年开展至今，实践证明五维增效机制是科学而经得住时间检验的，其发挥出的巨大能量，使中信集团在不断变化的市场环境中取得了可持续发展，助力中信集团迈上一个又一个的新台阶。未来，中信集团将继续在加快建设世界一流企业的"赶考"路上，秉持"打造卓越企业集团、铸就百年民族品牌"愿景，深入推进实施"五五三"战略，持续深化五维增效机制，打造中信独有的综合优势，奋力向高质量发展进发。

征途道远，初心无改。使命在肩，只争朝夕。